*Im Knaur Taschenbuch Verlag
sind von der Autorin bereits erschienen:*
Schutzengel
Erzengel und das neue Zeitalter
Heilung mit der Kraft der Engel
Mit den Engeln durch das Jahr
Himmlisches Wissen

Über die Autorin:
Jana Haas stammt aus Kasachstan/Russland und lebt seit 1992 in Deutschland. Von Kindheit an hat sie die Gabe der Hellsichtigkeit. Sie kann die geistige Welt genauso deutlich sehen wie die materielle. Mit dem Wissen, das ihr auf diese Weise zuteil wird, klärt sie die Menschen über die Zusammenhänge der geistigen Welt auf. Sie hält zahlreiche Vorträge, Seminare und Schulungen. Durch Bücher, Kongresse, TV und Presse ist sie einem großen Publikum bekannt geworden. Jana Haas lebt heute am Bodensee.
www.jana-haas.de

Jana Haas
Werner Wilder

Jenseitige Welten

Die Reise der Seele ins Licht

Besuchen Sie uns im Internet:
www.mens-sana.de

Vollständige Taschenbuchausgabe Februar 2015
© 2012 Knaur Verlag
Ein Imprint der Verlagsgruppe
Droemer Knaur GmbH & Co. KG, München
Alle Rechte vorbehalten. Das Werk darf – auch teilweise –
nur mit Genehmigung des Verlags wiedergegeben werden.
Redaktion: Ulrike Strerath-Bolz
Umschlaggestaltung: ZERO Werbeagentur, München
Umschlagabbildung: Jana Haas; FinePic®, München
Satz: Andrea Mogwitz, München
Printed in Germany
ISBN 978-3-426-87609-1

*Gott und die Engel
sehen in jedem Menschen nur das Positive und Liebevolle
und bewerten oder verurteilen niemals das Negative.
Es gibt aus der geistigen Welt keine Schuldzuweisungen.
Das »Jüngste Gericht« ist ausschließlich die eigene
Auseinandersetzung mit der Vergangenheit
und ihre Verarbeitung.*

Inhalt

Einleitung 9

Mein eigener medialer Weg 19

Spiritualität in der heutigen Zeit 23

Der Sinn unseres Daseins 29

Die unsterbliche Seele 33

Der Aufbau des Himmels 39

Die Engel und ihr Wirken 43

Das Sterben – Schritt über die Schwelle 51

Der Weg durch die oberen Astralwelten 63

Ist der Todeszeitpunkt vorherbestimmt? 85

Sterbebegleitung 95

Trauerverarbeitung 101

Angst vor Einsamkeit 105

Das Jüngste Gericht 109

Die Astralebene und die unteren Astralwelten 113

Parallele Astralwelten 119

Hölle, Fegefeuer und Teufel 121

Verstorbene als Geister 127

Besetzungen durch Verstorbene 129

Wie können Verstorbene mit Hinterbliebenen
kommunizieren? 137

Reinkarnation und Karma 143

Zusammentreffen der Seelen im Jenseits
und Absprachen für ein neues Erdenleben 149

Die Geburt ins Erdenleben 153

Organspende 161

Ein himmlisches Leben bereits auf Erden 167

Zum guten Schluss 179

Hinweise zur Autorin 183

Einleitung

Liebe Leserinnen und Leser,
schon seit längerer Zeit spüre ich aus der geistigen Welt den Ruf, ein Buch über die jenseitigen Welten und über das Leben nach dem Tod zu schreiben. Ich freue mich sehr über diese verantwortungsvolle Aufgabe.
Das Wissen in diesem Buch hat mir teilweise die geistige Welt gezeigt, teilweise stammt es aus eigenen Betrachtungen und Erlebnissen. Je nach Themengebieten standen mir dabei auch verschiedene Erzengel hilfreich zur Seite und gewährten mir Einsichten in die geistigen Sphären. Der Erzengel Jophiel unterstützte mich, wenn der Schwerpunkt des Themas die Weisheit Gottes betraf, der Erzengel Michael, wenn es um die Themen Vergebung, Loslassen und Bewältigung ging, und der Erzengel Gabriel, wenn es sich um neue Einsichten und Offenbarungen handelte. Viele Fragen der Teilnehmer meiner Seminare zum Thema Tod und Jenseits haben mich ebenfalls bei diesem Buch inspiriert.
In unserer Kultur werden Tod und Sterben gerne aus dem Bewusstsein ausgeblendet. Dabei ist es wichtig, die Angst vor dem Sterben loszulassen, da daraus auch die Angst vor dem Leben resultiert. Diese Ängste machen sich auch gerne so manche spirituellen Institutionen zunutze, um die Menschen in Abhängigkeit zu halten. Überwiegend baut sich diese Angst auf dem falschen Glauben, den falschen Dogmen und der Unwissenheit der Menschheit auf. Sie bedarf daher dringend eines Paradigmenwechsels, um ihre tiefsitzende Angst zu verlieren.
Dabei sollte doch, wenn wir es recht bedenken, das Sterben

wie auch die Geburt eine absolute Selbstverständlichkeit darstellen.

Die Geburt auf dieser Erde ist ein Wunder. Innerhalb von neun Monaten wächst aus einer einzigen Zelle nach einem wohl immer unerforscht bleibenden göttlichen Plan ein menschliches Wesen heran, welches dann mit einem Wunderwerk von menschlichem Körper sein Leben auf dieser Erde antritt.

Und dieses Wunder der Geburt ins irdische Leben wird aus der geistigen Welt von Anbeginn unterstützend begleitet: durch die Begleitung vieler Engel und auch des individuellen Schutzengels.

Das Ableben und Ablegen des irdischen Körpers ist ein ebenso großes Wunder, welches während des gesamten Prozesses aus der geistigen Welt begleitet und unterstützt wird. Auch hier sind die Engel und ganz besonders wieder der persönliche Schutzengel am Werk.

Die Geburt auf der Erde ist die Geburt in die Materie, in die begrenzte Welt. Der Eintritt nach dem Tod in die jenseitigen Welten ist hingegen eine Geburt in die Unendlichkeit. Dort, in diesem unendlichen Licht, ist nur erkennbar, was einem selbst bewusst ist und der eigenen Vorstellung entspricht.

Das Verstehen des Schöpfungshintergrundes und des Lebenssinns ist deshalb enorm wichtig. Es geht darum, zeitlebens großes Vertrauen in Gott, in die Schöpfung und in sich selbst zu entwickeln. Dann kann das Leben auf diesem Planeten mit seinen notwendigen Veränderungen und seiner Vergänglichkeit in Sicherheit und vertrauensvoller Gelassenheit gemeistert werden. Hierzu bedarf es der Freiheit des Geistes; wir müssen die alten Dogmen loslassen und eigene Vorstellungen entwickeln. Erschaffen Sie sich Ihre geistige Weltanschauung neu!

Wir gehen in eine neue Epoche. Die Astrologen sprechen

davon, dass jetzt das Wassermannzeitalter nach zweitausend Jahren das Fischezeitalter ablösen würde. In den vedischen Schriften, dem ältesten philosophischen Werk der Menschheit, wird prophezeit, nach fünftausend Jahren werde das goldene Zeitalter anbrechen. Dieser Zeitpunkt ist jetzt erreicht. In den vedischen Schriften heißt es dazu, im goldenen Zeitalter dürften sich die Menschen nicht mehr hinter einer »Maske« verstecken, sondern müssten sich offen zu ihrer Gesinnung bekennen. Rudolf Steiner, der Begründer der Anthroposophie, hat diesen Gedanken aufgegriffen und präzisiert. Er sagte, im neuen, goldenen Zeitalter würde sich die Menschheit nicht mehr nach Rassen, sondern nach »Gut« und »Böse« unterscheiden. Dass die Kulturen in den letzten Jahrzehnten ganz selbstverständlich begonnen haben, sich zu vermischen und sich gegenseitig immer mehr zu akzeptieren, ist bereits deutlich sichtbar. Auch ist zu erkennen, dass die Menschen damit beginnen, liebevoller miteinander umzugehen.

Im heutigen Zeitalter sollte es für jeden Menschen geradezu eine Herausforderung sein, sein wahres Ich und seinen eigenen Zugang zur Spiritualität zu entfalten. Heute leben wir im Zeitalter der Bewusstseinserweiterung, in dem es nicht mehr nur darum geht, Lehren anzunehmen oder abzulehnen. Es geht vielmehr darum, aus unseren kulturellen Wurzeln durch innere Weiterentwicklung eine erfüllende Zukunft zu gestalten. Wir werden nicht mehr danach gefragt, an was wir glauben, sondern nach unseren Werten: Verständnis, Aufrichtigkeit, Vertrauen, Mut und Liebe. Unsere Aufgabe muss darin bestehen, diese Eigenschaften in den Alltag zu integrieren und danach zu leben. Denn genau mit diesen Eigenschaften wird es schließlich auch im Jenseits weitergehen.
In diesem Sinne hat dieses Buch das Ziel, Ihnen viele lichtvolle Erkenntnisse und Sicherheit im Hier und Jetzt zu vermitteln, Ihr Urvertrauen zu stärken und Ihnen die Angst vor

dem Sterben zu nehmen. Der Tod ist nur ein lichtvoller Übergang in eine andere Dimension. Es ist im eigentlichen Sinne keine Reise zu einem anderen Ort, sondern lediglich eine Veränderung im Bewusstsein. Es ist ein Schritt ins Licht, ein Schritt in die Unendlichkeit, in der wir aber nur das sehen und wahrnehmen werden, was der Frequenz entspricht, in der wir auch selbst schwingen. Oder anders ausgedrückt: Wir werden dort nur das erkennen und finden können, was wir selbst erwarten.
Der Tod ist unausweichlich und macht den meisten Menschen Angst, da sie nur an die Materie glauben und sich zu sehr darin eingerichtet haben. Allzu viele Menschen glauben nicht an einen tieferen Sinn des Lebens und an ein Weiterleben nach dem Tod. So unsterblich aber unsere Seele ist – ohne den Tod könnte auf der Erde kein neues Leben entstehen und keine Entwicklung stattfinden. Es wäre längst alles unter den Mächtigen aufgeteilt, überall würden Despoten regieren, und es gäbe so gut wie keine Möglichkeit für eine Veränderung. Die Menschheit wäre in ihrer Starre gefangen. Wenn wir erkennen können, wie perfekt der göttliche Plan ist, so können wir den Tod als wichtigsten Freund der Menschheit akzeptieren, auch wenn er oft viel Trauer und Leid mit sich bringt. So werden wir in die Lage versetzt, den Sinn des Werdens und Vergehens zu begreifen, den zu starken und einseitigen Glauben an das materielle Sein zu relativieren und ganz auf Gottes Schöpfung, seine Güte und Liebe und auf die Unterstützung der Engel zu vertrauen. Wir dürfen begreifen, dass unsere Seele im Licht Gottes leicht und frei ist.
Und wenn wir uns bereits zu Lebzeiten mit den jenseitigen Welten auseinandersetzen, kann das Loslassen leichter fallen und wir können uns in den jenseitigen Dimensionen wesentlich besser und vor allem schneller zurechtfinden. Falsche Vorstellungen können beim und nach dem Übergang eine große Beschwernis darstellen. In den jenseitigen Dimensionen der

Unendlichkeit gibt es keine Konturen und Strukturen, an denen wir uns, wie in der Materie auf der Erde gewohnt, orientieren könnten, und so gibt es viele verirrte Seelen, die lange Zeit benötigen, um sich in den geistigen Sphären zurechtzufinden. Aber glücklicherweise schaffen es alle irgendwann.
Auch aus diesem Grund versuche ich, in diesem Buch das Wesentliche über das Leben, den Tod und den Himmel zu vermitteln. Ich möchte nicht den Anspruch erheben, die jenseitigen Welten komplett aufzuzeigen, da diese unendlich sind. Ich bin jedoch bemüht, das für den Menschen Wichtige möglichst exakt zu beschreiben.

Wie schon erwähnt, bin ich seit Geburt hellsichtig und kann die »unsichtbaren« Welten so genau beschreiben, weil ich sie genauso deutlich sehen kann wie die Materie. Für mich sind die jenseitigen Welten ebenso real wie die Materie. Das eine könnte auch ohne das andere nicht existieren.
Auch wenn ich diese geistigen Welten und die sich darin befindlichen Wesenheiten deutlich sehen kann, so ist es selbstverständlich unmöglich, die Abermilliarden menschlichen Seelen und die unendlich vielen anderen himmlischen Geistwesen, geschweige denn den gesamten Aufbau der geistigen Welt zu begreifen. Man kann sich das ungefähr so vorstellen, als wenn man in ein sehr großes Lexikon schaut. Auch dort kann man nur das finden und darüber Wissen erlangen, nach dem man sucht. Genauso verhält es sich in den unendlichen geistigen Welten. Deshalb trifft auch die Aussage zu, dass man dort nach dem irdischen Ableben nur das vorfinden und erkennen kann, was man erwartet.
Im Jenseits herrscht Frieden und Liebe. Die Seelen verstehen sich in vollkommener Harmonie. Der Austausch findet auf feinstofflicher Ebene statt, durch Gefühle, Empfindungen, Farben und Töne, oder anders gesagt: ausschließlich über Emotionen.

Es ist wichtig, sich vor Augen zu führen, dass Seelen keine Sprachorgane und auch keinen Geist besitzen, denn ein intellektueller Austausch, welcher zur Lebzeiten zu Auseinandersetzungen und Diskussionen führt, ist in dieser Dimension nicht nötig.

Die Kraft des intellektuellen Austausches unterliegt dem Geist, und dieser befindet sich nach unserem Tod mit all seinen Erinnerungen an die irdischen Erfahrungen in der Akasha-Chronik und steht uns im nächsten Erdenleben wieder zur Verfügung, wo wir dann die Erkenntnisse und Erfahrungen aus all unseren Inkarnationen für unsere weitere Entwicklung im göttlichen Plan benötigen.

Ich kann jederzeit in die geistigen Sphären eintauchen und mich dort mit den Engeln, lichtvollen Verstorbenen und anderen Geistwesen, zu denen auch die Naturwesen gehören, austauschen. Mit Gott selbst kann man dagegen nicht korrespondieren. Ich kann Gott wahrnehmen: Es handelt sich dabei um die Urkraft allen Seins, um ein großes, gütiges Licht, das aus den höchsten Sphären bis in die tiefsten Ebenen dringt. Wenn ich Gott wahrnehme, erfüllt mich ein Zustand tiefen inneren Friedens, den ich in meiner Seele spüre und in meinem Geist begreife. Aus diesem Zustand heraus bin ich in Gottes Frieden und Stimmigkeit und nicht in einem Dialog, weil im Antlitz Gottes alles perfekt und somit ohne Fragen ist.

Bei der Korrespondenz mit dem Göttlichen handelt es sich in Wirklichkeit um einen Austausch zwischen dem höheren Selbst des Menschen und der Akasha-Chronik, der »Bibliothek Gottes«, in welcher alles kosmische Wissen und die Weisheit Gottes gespeichert ist.

Den emotionalen Gedankenaustausch mit der geistigen Welt übersetze ich mit Hilfe meines Geistes und Intellektes in die menschliche Sprache, und so kann ich darüber Mitteilung machen. So konnte letztlich auch dieses Buch entstehen.

Alle spirituellen Werke wurden auf diese Art geschrieben. Weder Gott noch andere geistige Wesen besitzen Sprachorgane und teilen sich über die Sprache mit, noch haben sie dies jemals getan. Der Austausch geschieht immer durch eine emotionale, bilder- und gestenreiche Vermittlung, welche sich ausschließlich auf der Seelenebene vollzieht. Genauso funktioniert der Austausch zwischen den Seelen und den anderen geistigen Wesenheiten untereinander. Wenn ein Mensch die Fähigkeit besitzt, mit den geistigen Welten zu kommunizieren, so benötigt er zusätzlich noch die Eigenschaft, das Erfahrene und Gelernte von der Unendlichkeit des Himmels in unsere irdische Sphäre und unsere Vorstellungen übersetzen zu können, damit andere Menschen es verstehen können.

Der Austausch mit den Seelen, welche noch nicht zum Licht emporgefunden haben und in einer Emotion gefangen sind, gestaltet sich schwieriger, weil viele von ihnen nicht an das Licht glauben, das sie schon zu Lebzeiten ablehnten. Diese Seelen verharren ganz in sich gekehrt und nehmen keine andere Seele und keine Engel wahr – und somit auch nicht mich. Eine Kommunikation mit ihnen ist also nicht möglich. Ich kann diese Sphären und die Seelen darin aber ebenso wahrnehmen wie die gesamten geistigen Welten; deshalb kann ich sie auch in diesem Buch beschreiben.

Es kann sein, dass Sie an manchen Stellen dieses Buches emotional stark berührt werden. Denn durch das Lesen werden nicht nur die großen Ängste des Menschen vor dem Sterben berührt, sondern auch die tiefsitzenden und irreführenden, zum Teil angsterfüllenden Prägungen der christlichen Lehre.

Ich rate Ihnen, dieses Buch mit einer möglichst neutralen Haltung zu lesen. Bilden Sie sich so Ihre eigene Meinung und finden Sie Ihre individuelle Wahrheit. Das bisher existierende Wissen soll und darf nicht verworfen werden, oftmals genügt eine kleine Korrektur der Sichtweise.

Theoretisch ist jeder Mensch in der Lage, mit den geistigen Wesen zu kommunizieren. Wenn Sie Ihre Gedanken zur Ruhe bringen und Ihr Bewusstsein auf eine höhere Frequenz erheben könnten, wären Sie sofort in der feinstofflichen Welt der Engel.

Die Engel lehren mich bewusst seit meiner Jugend; Verstorbene sah ich jedoch bereits in meiner frühen Kindheit. Ich kann den Himmel, also die geistigen Welten, sehr exakt sehen und den Weg der Seelen im Jenseits verfolgen. Ich kann Ihnen versichern, dass es diese Welten gibt und keine Seele je verstorben ist. Da diese Welten aber für die meisten Menschen nicht sichtbar sind, müssen Sie selbst entscheiden, ob Sie mir glauben oder nicht. Ich möchte Ihnen den Rat geben, sich an einen stillen Ort zu begeben und dort, ohne zu grübeln, in sich hineinzuhören und zu erspüren, was Sie mit tiefem innerem Vertrauen erfüllt. Den aufkommenden Empfindungen sollten Sie dann nachgehen, ohne sie intellektuell zu zerdenken. Auf diese Weise kommen Sie Ihrer eigenen Wahrheit näher.

Bedenken Sie dabei bitte, dass die geistigen Welten unendlich und ohne Begrenzung sind und es dort weder Form noch Sprache oder Schrift gibt. Wenn es aber für das, was ich hier beschreibe, dort keine Worte gibt, obliegt es mir, das, was ich dort sehe, in eine erklärende Sprache zu übersetzen. Und das bedeutet auch, dass dieses Buch wie alles spirituelle Wissen für Atheisten und Materialisten immer angreifbar bleiben wird, da es nur wenigen Menschen vergönnt ist, in diese Welten zu sehen. Doch klar ist auch, dass alle heiligen Schriften auf diese Weise von sehenden Menschen verfasst wurden.

Ich wünsche Ihnen viel Leichtigkeit, Befreiung und Inspiration beim Lesen dieses Buches. Möge es Ihnen auf Ihrem Weg eine große Unterstützung sein.

In Liebe,
Jana Haas

Herdwangen-Schönach, Oktober 2011

Mein eigener medialer Weg

Es scheint in diesem Leben meine Aufgabe zu sein, den Menschen ihren Ursprung, den Himmel und das Licht näherzubringen. Ich sehe jedenfalls meine Berufung darin, sie über die Schöpfung und den Sinn des Lebens aufzuklären und ihnen durch das verstärkte Vertrauen in Gott und die geistigen Welten die Angst im Leben und vor dem Tod zu nehmen.
Ich sehe die uns umgebenden geistigen Welten genauso deutlich wie das »reale«, materielle Umfeld. Um die geistigen Welten zu sehen, bedarf es für mich keinerlei Vorbereitung oder Anstrengung. Das Gegenteil ist der Fall, ich muss mich eher konzentrieren, um die »Welten« auseinanderhalten zu können, um nicht dauernd in der Hellsichtigkeit zu sein und um mich hier auf der Erde zu verankern.
Bereits seit früher Kindheit bin ich hellsichtig. Es gab mehrere Nahtoderlebnisse, welche vermutlich dazu bestimmt waren, die Anbindung und das Vertrauen in die geistige Welt zu stärken und somit die Hellsichtigkeit stärker zu manifestieren.
In meiner Kindheit sah ich die Seelen von Verstorbenen in der Astralebene, was für mich selbstverständlich eine starke seelische Belastung darstellte. So geht es übrigens fast allen stark hellsichtigen Menschen. Die noch erdnahen Seelen von Verstorbenen, welche den Aufstieg ins Licht noch nicht gefunden haben, schwingen in einer tieferen, grobstofflicheren Frequenz als die lichtvolleren Wesen und sind deshalb leichter wahrnehmbar.
Viele hellsichtige Menschen sind durch solche frühen Erlebnisse so schockiert und verängstigt, dass sie im späteren Leben Angst vor ihrer Hellsichtigkeit haben und deshalb versuchen,

sie auszublenden. Auch für mich war die Hellsichtigkeit am Anfang eine große, schwer zu tragende Herausforderung.

Die spirituellen Gaben sind durch meine Familie auf mich gekommen. Meine Urgroßmutter mütterlicherseits, Palina, war mit starken lichtvollen Kräften ausgestattet. Bis zu ihrem Tod war sie meine spirituelle Lehrerin. Aber auch nach ihrem Weggang blieb sie es und setzte ihre Unterweisung aus den geistigen Welten fort. Ich empfing Visionen von ihr und erhielt Durchsagen in Bezug auf wichtige Lebensentscheidungen.

Nach diesen tiefgreifenden Erfahrungen, als Kleinkind eher unbewusst und dann mit zunehmendem Alter und durch die späteren Astralreisen immer bewusster, schaute ich öfter und länger in die jenseitigen Welten. Zunächst sah ich, wie schon beschrieben, überwiegend unerlöste verstorbene Seelen. Meine Kindheit und Jugend war deshalb noch nicht so sehr von lichtvollen Erfahrungen erfüllt. Außerdem wusste ich damals auch noch nicht, wie ich mit solchen Erscheinungen richtig umgehen konnte. Heute habe ich gelernt, wie man Seelen weiter ins Licht senden und ihnen bei der Erlösung helfen kann.

Durch diese und eine Reihe anderer ungewöhnlicher geistiger Erfahrungen, auf die ich hier nicht näher eingehen will, bin ich eigentlich nicht wie ein »normales« Kind aufgewachsen. Ich hatte mehr Interesse an Dingen, für die man sich üblicherweise erst später, in fortgeschrittenerem Alter interessiert: an Philosophie, Fragen nach dem Sinn des Lebens, an Wissen über das Leben vor der Geburt und nach dem Tod, an Fragen nach höheren Sphären, Lichtwesen und Ewigkeit. Das machte mir die Jugendzeit nicht gerade leicht.

Mit dreiundzwanzig Jahren bekam ich aus der geistigen Welt immer deutlichere Hinweise, ich solle an den Bodensee ziehen und dort in der Naturheilpraxis eines lieben Freundes mitarbeiten. Dort lernte ich die Probleme und Krankheiten der Menschen kennen und erkannte bald die geistig-seelischen Hintergründe vieler Erkrankungen. Und immer deutlicher konnte ich die Organe der Patienten und die Aura der Menschen sehen.

Seitdem ich mich ganz bewusst für die Liebe zu mir selbst, zu Gott und den Mitmenschen entschieden habe, ihnen gegenüber mein Herz öffnete, den Menschen und dem Leben, Gott und der Schöpfung immer mehr vertraute, begannen sich die lichtvollen geistigen Welten für mich mehr und mehr zu öffnen. Von diesem Zeitpunkt an sah ich nicht mehr nur Verstorbene, sondern nahm auch die lichtvollen himmlischen Welten, Gott und die Engel wahr.

Nach meiner Entscheidung, mich ganz mit der lichtvollen geistigen Welt zu verbinden, und nach mehreren spirituellen Rückzügen auf die Rigi am Vierwaldstätter See bei Luzern (ein »weiblicher« Berg in der Schweiz, deshalb *die* Rigi) verstärkte sich der Zugang zu den lichtvollen Welten in rasender Geschwindigkeit. Mehrere Male kam ich auf die Rigi zum Fasten und zum Meditieren.

Plötzlich konnte ich dort sehen, dass die satten grünen Bergwiesen belebt und beseelt waren. Ich konnte viele kleine, etwa kniehohe Wesen sehen, welche an der Erde arbeiteten. Es handelte sich dabei um sogenannte Zwerge und Wurzelwesen. Einige hielten in ihrer Arbeit inne, als sie bemerkten, dass ich sie sehen konnte.

Dort sah ich auch ein etwa menschengroßes Wesen von weiblicher Gestalt, das an mir vorbeizog und eine Art Gefäß mit einem intensiv leuchtenden Licht in der Hand hielt. Es war das Bergwesen der Rigi. Sie hielt inne und betrachtete mich freundlich. Sie stellte sich als die Bergwächterin vor und erzählte mir, dass es ihre Aufgabe sei, die Energie des Berges aufrechtzuerhalten, das Wissen über diesen Berg energetisch zu speichern und über die Naturwesen zu wachen. Das Gefäß, das sie in der Hand trug, war nichts anderes als ein Symbol des gespeicherten Wissens.

Zum besseren Verständnis der geistigen Welten möchte ich darauf hinweisen, dass die Bergwächterin in Wirklichkeit, so wie alle Lichtwesen, auch die Engel, aus einer formlosen Energie besteht. Nur die Materie hat eine Form, und diese Wesen sind nichtmateriell. In ihrer wirklichen Dimension ist die Bergwächterin so groß, dass sie den Berg damit einhüllt und beseelt. So wie alle Lichtwesen kann sie sich komprimiert darstellen und sich uns Menschen so zeigen, wie wir sie verstehen können. Dies ist auch bei den Engeln der Fall: Auch sie zeigen sich uns so, wie wir sie, kulturell bedingt, am besten begreifen. Erzengel zum Beispiel sind überdimensional große, weltumspannende Energiewesen, welche sich aufspalten und sich uns Menschen komprimiert in überschaubarer Engelgestalt zeigen können.

Einige Tage später erlebte ich, wie vor meinen Augen der Himmel aufging, und ich sah symbolisch eine Reihe von »Lichtbüchern« vor mir. Neben mir stand die Bergwächterin, die plötzlich auch aufgetaucht war, und sagte zu mir: »Du kannst alles Wissen aus der kosmischen Bibliothek abrufen. Hier ist das gesamte Wissen des Himmels und der Erde vorhanden.« Ich wollte und konnte dies zunächst nicht glauben oder mir zutrauen, aber sie versicherte mir: »Doch, du kannst es jederzeit, weil du eine von uns bist.«

Wenn ich mich den Herausforderungen meiner geistigen Arbeit einmal nicht gewachsen fühle, erinnere ich mich wieder an ihre Worte und lasse mich von ihnen bestärken und leiten. Ich kann die geistigen Welten sehr deutlich sehen, die geistigen Wesenheiten ganz selbstverständlich wahrnehmen und mich in ihren Welten bewusst bewegen. Ebenso kann ich mich seither gezielt von der geistigen Welt lehren lassen und in die geistigen Dimensionen schauen. Ich bin heute, mehr denn je, in den geistigen Welten genauso zu Hause wie in der irdischen Welt.

Spiritualität in der heutigen Zeit

Viele Menschen wachsen mit einem vorgegebenen Glauben auf, den sie im Laufe ihrer Entwicklung von ihren Eltern übernehmen – aber in der heutigen Zeit wollen immer mehr Menschen die Spiritualität bewusst leben, bewusst den höheren Sinn der menschlichen Existenz erkennen und den Glauben persönlich erfahren.

Was wir heute unter Spiritualität verstehen, umfasst alle Weltbilder und Lebensweisen, die über den Materialismus hinausreichen. Sie gründet sich in einer geistigen Verbindung mit dem Höheren, man könnte auch sagen: mit dem Übersinnlichen. Spirituelle Menschen suchen aus einem tiefen, unerschütterlichen Glauben heraus das Gespräch mit Gott, und ihre Spiritualität bedeutet ihnen geistige Orientierung und Lebenspraxis. Die Spiritualität befasst sich mit Sinn- und Wertfragen des Daseins, mit den Grundlagen unserer Existenz und unserer Selbstverwirklichung – und dies alles in Verbindung mit dem Göttlichen und einer höheren Wirklichkeit. Spiritualität ist ein Weg zur Liebe, der den Menschen durch all die einschneidenden und auch wunderbaren Veränderungen seines Lebens trägt.

Es gibt verschiedene Ausdrucksformen der Spiritualität: Dazu gehören Gebet und Gottvertrauen bis hin zum Gefühl einer tiefen Geborgenheit; Erkenntnis, Weisheit und Einsicht und die Überzeugung, dass es Transzendenz gibt – eine höhere Wirklichkeit. Dazu gehören aber auch Mitgefühl, Großzügigkeit und Toleranz und ein bewusster Umgang mit anderen, mit sich selbst und der Umwelt. Und schließlich zwei wichtige Aspekte: die Ehrfurcht und vor allem die Dankbarkeit.

Das spirituelle Verständnis unseres Daseins hat Auswirkungen auf die persönliche Lebensführung und die ethischen Vorstellungen. Da es die individuelle Lebens- und Erfahrungsgeschichte mitgestaltet, hat es erhebliche Auswirkungen auf unser Dasein im Jenseits und auf künftige Inkarnationen.

Aber wie entsteht ein solches spirituelles Verständnis? Zunächst einmal ist ein tiefer Glaube an das Göttliche nötig, damit wir in den Kräften des Erwachens, der Einsicht, der Erkenntnis und der Liebe das Geistige als Realität erkennen. Lebt der Mensch danach, so kann sich innerer Friede entfalten. Alles wird zu seiner Zeit seine Heilung auf allen Ebenen erfahren. Diese Erkenntnis ist nötig, um die innere Weisheit zu haben für das tatsächliche Erleben des Göttlichen.
Dieses Erleben kann von Mensch zu Mensch sehr unterschiedlich aussehen. Allen Erfahrungen liegt aber eine Wahrheit zugrunde: Gott ist universelle Energie des Lebens und Schwingung der Liebe, der Ruhe und des Friedens – ein Zustand des absoluten Seins. Gott findet seine Ausdrucksform in der erschaffenden und hingebungsvollen Kraft. Diese Kraft lebt in jedem Menschen und findet in liebevollen Taten ihren Ausdruck. Die Verbindung mit dem Transzendenten besteht zu jeder Zeit, und wer achtsam mit seiner Wahrnehmung umgeht, erlebt sich im Austausch mit anderen, in Gedanken und Emotionen. Dieses göttliche Bewusstsein brauchen wir für eine positive, liebevolle Ausrichtung unseres Inneren.

Gelebte Spiritualität zeigt dem Menschen den Weg, die wahren inneren Werte zu erkennen, die das Leben wirklich lebenswert machen und alles darstellen, was den Menschen in seinen zwischenmenschlichen Begegnungen bereichert. Es sind die inneren Werte, die den Menschen immer mehr aufrichten und Klarheit schaffen: Ehrlichkeit, Mitgefühl, Verständnis, Erkenntnis, innere Erlebnisse und Liebe. All diese Tugenden sind nötig, um Spiritualität praktisch im Alltag zu leben.

Solange unser Leben nach unseren Vorstellungen verläuft, fällt es uns leicht, diese Eigenschaften zu spüren. Doch wir müssen unseren Glauben an das Gute und an Gottes Kraft auch in weniger beflügelnden Zeiten bewahren und aus einem tiefen Vertrauen heraus allen Ereignissen etwas Gutes abgewinnen. Wir sollten stets darauf achten, dass alles, was wir tun, aus vollem Herzen, in Liebe und Freude geschieht. Damit diese Eigenschaften zu jeder Zeit selbstverständlich werden, können wir uns mit Gebeten, Segnungen, Meditationen, intensiven Gesprächen, Momenten der Ruhe und Besinnung, langen Spaziergängen und höherer Achtsamkeit im Alltag helfen.

Es ist wichtig, jegliche Angst vor den Menschen und vor dem Leben in Liebe zu verwandeln. Und wir müssen aufhören, andere zu beurteilen und zu verurteilen. Wir dürfen nicht vergessen, dass kein Mensch etwas Negatives tun kann, ohne auch etwas Positives anzustoßen. Wir müssen aufhören, uns wie hilflose Opfer oder wie Täter zu fühlen. Stattdessen sollten wir wie die Engel eine neutrale, urteilsfreie Haltung voller Sicherheit und Vertrauen einnehmen.

Für die spirituelle Entwicklung ist es außerdem notwendig, mehr Wissen über die jenseitigen Welten zu erlangen, um größere Weisheit im Leben entwickeln zu können. Wenn man von einer emotionalen Sichtweise ausgeht, dann ähnelt das Leben im Jenseits in gewissem Sinne dem auf der Erde. Denn die Seele nimmt ihre Emotionen mit in den Tod und muss im Jenseits lernen, sie loszulassen. Gelingt uns dies schon zu Lebzeiten, so können wir bereits hier ein leichteres und befreiteres Leben führen.

Was hat Spiritualität aber mit dem Leben im Jenseits zu tun? Leider sind in unserer Kultur der Tod und das Leben nach dem Tod mit vielen Ängsten besetzt, die durch Unwissen und falsche Interpretationen entstanden sind. Sie lassen sich mit mehr Wissen und Weisheit entkräften. Schon die Vorstellung von einer Hölle macht den Menschen Angst, ohne dass sie wirklich wissen, um was es sich dabei handelt. Jenseits aller düsteren Bilder ist die Hölle der emotionale Zustand einer Seele, die wie in einem Schockzustand oder in großer Wut gefangen ist und nicht herausfindet. In diesem lähmenden Zustand fehlt die Liebe und damit auch jede Möglichkeit zur Entwicklung. Solche Gefühle erleben wir auch in unserem Alltag. Jede Seele, drüben wie auch bei uns im irdischen Leben, hat ihren freien Willen, kann sich für Wut und Angst oder für die Liebe entscheiden. So ziehen wir Menschen auf dieser Erde genauso wie die Verstorbenen im Jenseits durch unsere Schwingung ähnlich schwingende, denkende und fühlende Seelen an. In beiden Dimensionen ist es unser höchstes Ziel, uns zur Liebe hin zu entwickeln.

Da der Zustand nach dem Tod dem im Leben so ähnlich ist, bemerken viele Verstorbene zunächst gar nicht, dass sie verstorben sind. Das kann lange, manchmal sogar sehr lange anhalten, denn Zeit spielt im Jenseits keine Rolle mehr: es gibt sie nicht. Die Seele ist eine individuelle Schwingung, die sich durch ihre Gefühle wahrnimmt und nicht durch die Materie. Sie ist ganz auf ihre Gefühle gestellt und wird sich der Liebe ganz öffnen, um in der daraus resultierenden Leichtigkeit immer höher ins Licht aufzusteigen.

Die Zeit ist reif dafür, dass sich die Menschheit nicht nur an religiösen Vorstellungen orientiert, die allzu oft aus der Absicht heraus entstanden sind, den Menschen zu verunsichern und abhängig zu machen, sondern dass sie die eigene Wahrheit des Herzens in sich begreift. Denn gerade heute brauchen die Menschen Geistesfreiheit und eigene innere Erlebnisse, um zu neuen Erkenntnissen zu kommen. Der Mensch von heute hat die Aufgabe, bewusst Verantwortung für seinen freien Willen und die Entscheidung für Angst oder Liebe zu übernehmen. Das Paradies ist bereits hier auf der Erde möglich, wir müssen uns dafür nur bereit machen.

Viele Menschen machen sich auf den spirituellen Weg, weil sie am Ziel ein Leben ohne Probleme erhoffen. Doch bei dieser Erwartungshaltung wird oft vergessen, dass der Mensch hier auf Erden in der Polarität lebt. Wenn er sich seiner Angst stellt, aus der seine Probleme entstehen, kann er sich konsequent zu einem Leben in Liebe entwickeln. Das irdische Leben ist kein Zustand ohne Probleme, sondern ein Weg zur Lösung von Problemen. Es geht darum, sich in allem wahrzunehmen und sich stets weiterzuentwickeln.

Hier kommt es vor allem auf den Umgang mit dem freien Willen an. Der Mensch kann zwar nicht immer beeinflussen, was auf ihn zukommt, denn das ist auch mit dem Schicksalsweg anderer Beteiligter verbunden. Jedoch kann er immer frei entscheiden, wie er damit umgeht: aus der inneren Reife der Liebe oder aus der Angst heraus.

Man sollte angesichts schwerer Lebensphasen nicht verzagen, sondern sich eher in das eigene Gottvertrauen zurückziehen und nachdenken. Ob das Urvertrauen in solchen Zeiten zerbricht oder nicht, hängt letzlich wieder von der individuellen Betrachtungsweise ab, vom freien Willen. Deshalb brauchen wir Gott und das Bewusstsein seiner Gegenwart, um zu wissen, dass in allem ein Sinn zu finden ist. Nur dann werden wir auch begreifen, dass das Leben nach dem Tod weitergeht und dass wir unser Leben nicht in den engen Grenzen des materiellen Daseins betrachten sollten. Wir sind im Leben wie im Tod in Gottes Schöpfung geborgen.

Durch das spirituelle Bewusstsein hat der Mensch die Möglichkeit, eine geistige Wahrnehmungsfähigkeit zu entwickeln, mit der er seine Entwicklungsschritte im Leben gestalten kann. Auf diese Weise wird er eine individuelle Persönlichkeit entwickeln, die mit Interesse und Begeisterung das Leben meistern und persönliche Antworten und Lösungen finden kann. Erst dann entfaltet seine Seele ihr volles Potenzial.

Der Sinn unseres Daseins

Beim Tod geht es nicht um das, was ich besitze, sondern um das, was ich bin und was ich werden kann. Heute, im irdischen Dasein, betrachte ich mich als ein Mensch der Zeit, ich kann jedoch zu einem Licht der Ewigkeit werden. Damit das jenseitige Leben einen Sinn hat, muss es genauso erfüllend sein wie das Leben auf der Erde.
Dazu ist es von größter Bedeutung, mit welcher Haltung wir auf den Tod zugehen. Wir können uns entscheiden, etwas in das Sterben hineinzubringen: Gelöstheit, Ruhe, eine geduldige Annahme dessen, was kommen wird. Das alles sind Eigenschaften, die man kultivieren kann. Und wenn wir sie ausbilden, dann ist der Tod eine Prüfung, die wir bestehen werden. Unser Fehler besteht nicht darin, dass uns die Angst vor dem Tod beherrscht, sondern dass wir ihn nicht als ein besonderes Wunder schätzen und achten. Die tiefgründigsten Lebensthemen – wahre Liebe, Geburt und Tod – ähneln sich auf verblüffende Weise. Sie gehören zum Sinn des Lebens, und es kommt darauf an, den Tod in unser Bewusstsein zu bringen und ihn dadurch der Liebe gleichzustellen.
Wofür Sie sich heute entscheiden, wird nicht nur Ihr weiteres Leben beeinflussen, sondern auch noch in die künftigen Inkarnationen hineinwirken. Verwandeln Sie Ihre Zweifel in Neugierde, so können sich neue Möglichkeiten auftun.

Warum finden diese weiteren Inkarnationen aber überhaupt statt? Die Heimat der menschlichen Seele liegt doch in den geistigen Welten, im Himmel!
Der Mensch ist ein geistiges Wesen, das auf der Erde, in der

Materie und in der Polarität eine Erfahrung für seine Seelenentwicklung macht. Wir können im Himmel die schönste Seele, das schönste Licht sein, wir können uns dort aber nicht wahrnehmen. Unsere Selbstwahrnehmung kann nur auf der Erde, in der Materie und über die Materie, mit einem materiellen Körper und in der Resonanz mit den Mitmenschen stattfinden. Und genau aus diesem Grund inkarniert die Seele immer und immer wieder, um sich im Wechsel von himmlischen und irdischen Erfahrungen immer weiterzuentwickeln. Das Ziel der Entwicklung ist das Erreichen eines gottähnlichen Zustands, in welchem alles vollkommen ist, so wie es ist: ein dauerhafter Zustand im Licht und in der absoluten, wertungsfreien, wahren Liebe. Dies ist aber ein langer Weg, denn wir erreichen in jeder Inkarnation nur einen kleinen Entwicklungsschritt, weil wir uns durch äußere Einflüsse und Meinungen allzu leicht von unserem Ziel, unserem Lebenssinn abbringen lassen.

Wir alle kommen aus den lichtvollen himmlischen Sphären und gehen nach unserem irdischen Tod auch wieder dorthin zurück. Das Wesen des Menschen, die Seele und der Geist, sind unsterblich. Die Seele strebt in ihrer Entwicklung zum göttlichen Licht. Um dem lichtvollen Zustand der All-Liebe immer näher zu kommen, bedarf es einer unzähligen Anzahl von Inkarnationen, um sich immer mehr wahrzunehmen und über sein Ego hinauszuwachsen, um immer liebevoller und lichtvoller zu werden. Entwicklung gibt es sowohl auf der irdischen wie auf der jenseitigen Ebene. Sie vollzieht sich aber allmählich und braucht ihre Zeit.

Energetisch jedoch bleiben wir immer mit den himmlischen Sphären verbunden, auch wenn wir es oft nicht merken oder es gar vergessen haben. Dafür haben wir einen Schutzengel zur Seite bekommen, der uns auf dem Weg unserer Gefühle und Sehnsüchte immer wieder sanft daran erinnern soll, wo unser Ursprung, unsere wirkliche Heimat liegt und welche

Aufgaben wir in diesem Leben haben. Und damit wir als Menschen unsere Erfahrungen auf der Erde unvoreingenommen machen können und unser Leben wie auch all unsere Entscheidungen nach unserem freien Willen gestalten können, verschwinden die Erinnerungen an das Jenseits und an frühere Leben und die damit gemachten Erfahrungen bereits im Mutterleib aus unserem Bewusstsein und kommen erst nach dem physischen Tod wieder zum Vorschein. Für diese Weiterentwicklung und Vervollkommnung unserer Seele zur gottähnlichen All-Liebe inkarnieren wir immer und immer wieder aufs Neue auf dieser Erde. Wir alle haben also schon viele Erdenleben hinter uns und sind auch schon zig Tode gestorben und haben sie letztendlich doch alle überlebt, sonst wären wir jetzt nicht hier. Verlieren wir also die Angst vor dem Ereignis, bei dem wir unseren materiellen Körper wieder einmal ablegen und zurücklassen, um wieder als lichtvolle Seele in die Himmelssphären zurückzukehren. In unserer nächsten Inkarnation können wir diesen Körper, welcher uns in diesem Leben so großartig dient, nicht mehr brauchen. Wir müssen für unsere weitere Entwicklung wieder von vorne anfangen, benötigen neue Erfahrungen und damit auch einen anderen Körper, andere Eltern und ein anderes Umfeld.

Um dem Lebenssinn der steten Entwicklung hin zum Licht und zur verständnisvollen und absoluten Liebe näher zu kommen, bedarf es einer großen Liebesfähigkeit und konsequenter Herzensoffenheit, sich selbst und den Mitmenschen gegenüber. Jedes Kind wird mit einem liebevollen Herzen geboren. Durch negative Lebenserfahrungen und karmische Verstrickungen geht diese Eigenschaft mehr und mehr verloren, so dass jeder seinen persönlichen Weg zur Erfüllung des Lebenssinns, zurück zur inneren Liebe, wiederfinden muss.

Je nach Intensität der erworbenen Blockaden wird das bei dem einen Menschen mehr, bei dem anderen weniger schwierig sein. Letztlich besitzt jedoch jeder Mensch eine lichtvolle

Seele und einen liebenswerten Wesenskern. Wir alle werden in Gottes Liebe gleich geboren. Der Säugling und das Kleinkind leben ganz in der Aufnahme und in der Erwartung dessen, was kommen mag. Hat dieses lichtvolle Wesen nun in den frühen Lebensjahren nicht den verständnisvollen und liebevollen Umgang, um ein stabiles Urvertrauen aufzubauen, so kann es sein, dass es in späteren Jahren in seinem Verhalten nicht mehr den Vorstellungen seiner Umwelt entspricht. Der wahre innere Wesenskern bleibt trotzdem lichtvoll, auch wenn er isoliert erscheint. Dieser Mensch wird genauso von Gott geliebt wie jeder andere auch. Wenn wir also erkennen und akzeptieren, dass jeder Mensch lichtvoll und liebenswert ist, dann können wir auch erkennen, dass die göttliche Schöpfung vollkommen ist. Aus der geistigen Sicht der Liebe ist alles voller Licht.

Die unsterbliche Seele

Seit Anbeginn der Menschheit steht wohl die große Frage im Raum, was nach dem Tod kommt. Geht es danach weiter? Und wenn ja, wie, in welcher Form und vor allem wo? Der Glaube an ein Weiterleben nach dem Tod reicht vermutlich bereits bis in die Steinzeit zurück.
Die Menschen der damaligen Zeit hatten schon eine Sprache, sie konnten sich somit bereits untereinander austauschen. Aber sie besaßen noch keine Schrift. An den Höhlenwänden fand man Symbole, welche vermutlich ausdrückten, dass das Leben nicht nur täglicher Überlebenskampf ist, sondern mehr sein muss. Offenbar hat der Mensch von Anfang an gespürt, dass der physische Tod nicht das Ende darstellt. Vorstellungen, dass das Leben auf dieser Erde nicht alles sein kann, hatten auch die Germanen, die Kelten, die Azteken, die Inka und viele alte Kulturen mehr. Sie alle hatten Vorstellungen von einer jenseitigen Welt, in der das Leben irgendwie weitergeht.
Im Laufe der Zeit wurden diese Vorstellungen differenzierter. Es entstand immer mehr die Vorstellung, dass der Mensch über eine unsterbliche Seele verfügt, deren Aussehen dem physischen Körper ähnlich ist. Alle Vorstellungen haben gemeinsam, dass sie mit einem Jenseits rechnen, das liebe- und friedvoll ist und in dem für alle Seelen gleichermaßen gesorgt wird. Alle gehen auch davon aus, dass es dort besser, sozusagen »paradiesischer« ist als auf unserer irdischen Welt. Die einzelnen Bilder von der geistigen Welt nach dem irdischen Ableben wie auch von den Aufenthaltsräumen der Seelen entsprechen dann den kulturellen und religiösen Vorstellungen der je eigenen Glaubenswelt. Und das heißt: Wir finden

und bekommen im Jenseits genau das, was wir im Diesseits erwarten.

Der Mensch hat als einziges irdisches Lebewesen ein Bewusstsein und ist sich somit auch als einziges irdisches Lebewesen der Tatsache bewusst, dass er lebt. Er weiß aber auch, dass er fortlaufend altert und sein Leben irgendwann zu Ende gehen wird. Je materieller er sich gedanklich und finanziell eingerichtet hat, desto mehr wird er sich vor dem Tod ängstigen und desto mehr wird er seinen eigenen Tod zu verdrängen suchen.

Doch was ist Leben, was ist Tod? Die menschliche Seele an sich ist unsterblich. Sie macht ihre Entwicklungsschritte abwechselnd im Diesseits und dann wieder im Jenseits. Befindet sich die Seele gerade im Jenseits und beschließt sie, für eine irdische Erfahrung wieder als Mensch auf die Erde zu kommen, so wird sie zum Zeitpunkt der Inkarnation auf der Erde im Jenseits, in der zeitlosen Unendlichkeit, »sterben«. Dann tritt sie in einen menschlichen Körper ein und ist für eine gewisse Zeit an ihn gebunden.

Dieser Schritt, dieser Zeitpunkt, dieser »Tod« im Jenseits geschieht allerdings vollkommen freiwillig. Das Ende des körperlichen Lebens geschieht durch den Alterungsprozess oder Unfall bzw. Krankheit, somit also zwangsweise. Und wenn es dann so weit ist, stirbt der Mensch im Diesseits, um im Jenseits als Seele wiedergeboren zu werden. Dieser Prozess wiederholt sich immer und immer wieder, unzählige Leben lang. Kommt eine Seele aus der jenseitigen Welt auf der Erde an, so befindet sie sich zunächst in einem hilflosen Körper und benötigt eine gewisse Zeit, um sich hier im Leben auf diesem Planeten, in der materiellen Welt, zurechtzufinden. Aber auch eine Seele, die aus der materiellen Welt im Jenseits ankommt, ist in der geistigen Welt zunächst desorientiert, weil sie aus dem Leben in einer strukturierten materiellen Welt nun in die strukturlose und unendliche Welt eintritt.

In beiden Übergängen wird die Seele besonders intensiv vom Schutzengel behütet und getragen. Der Unterschied besteht aber in der Regel darin, dass die Seele bei ihrer Ankunft in der irdischen Welt ihren Schutzengel kennt und wahrnimmt. So können sehr viele Kinder ihren Schutzengel sehen. Nimmt die Seele den umgekehrten Weg, geht sie also nach dem irdischen Ableben in die geistige Welt über, so hat sie zu Lebzeiten auf der Erde gelernt, viele Gegebenheiten mit Hilfe der Ratio zu betrachten und daraus auch Problemlösungen zu entwickeln. Je mehr emotionale Verletzungen im Laufe des Lebens dazukamen, desto mehr verlor sie das Urvertrauen und desto mehr wurde das Leben vom Intellekt, von der Ratio bestimmt. Damit ist aber weder der Schutzengel noch die geistige Welt wahrzunehmen. Die Seele muss wieder die emotionale Herzenssprache erlernen, die ihr bei ihrer Geburt auf der Erde noch zur Verfügung stand.

Manch einer wird sich natürlich nun fragen, welcher Sinn denn hinter den unendlichen Inkarnationen stecken soll. Die letzte Antwort auf diese Frage wird uns niemand geben können, denn mit unserem begrenzten irdischen Wissen werden wir den göttlichen Plan niemals zur Gänze erfassen können. Die Schöpfung ist unendlich, das Universum scheint unendlich, das Wissen ist unendlich, und Gott ist unendlich. Gott ist in allem und überall. Es gibt kein Oben und kein Unten. Die Erde, auf der wir leben, ist rund, ein Rotationsellipsoid, also eine Kugel, die sich dreht. Mal sind wir auf der Kugel oben, mal sind wir auf der Kugel unten. Alles ist immer und überall. Der Himmel ist nicht oben, und die Hölle ist nicht unten. Wir sind immer von allem umgeben. Gott ist alles, Gott ist Schöpfer, Gott ist Liebe, und in Gott vereinen sich alle Gegensätze.

Gott teilt sich auf, und aus diesen Aufteilungen entstehen menschliche Seelen. Deshalb tragen wir den göttlichen Funken in uns. Wir alle sind ein Teil Gottes, wir sind göttliche

Wesen. Gott nimmt sich über die Schöpfung wahr, wie auch wir Menschen uns nur über die Materie wahrnehmen können. Im Jenseits sind wir eine reine emotionale Seelenschwingung ohne die Möglichkeit der Selbstwahrnehmung. Deshalb müssen wir als geistige Wesen von Zeit zu Zeit irdische Erfahrungen machen, um uns wahrzunehmen, um an und mit den irdischen Erlebnissen zu wachsen, um uns von Inkarnation zu Inkarnation und von jenseitiger Erfahrung zu jenseitiger Erfahrung immer weiterzuentwickeln.

Da es im Jenseits keine Zeit gibt – nur Materie altert, Zeit ist eine »Erfindung« unseres Erdenlebens –, ist vom geistigen Blickwinkel aus die Seele unsterblich und unendlich. Deshalb findet auch ihre Entwicklung keinen Abschluss. Das höchste Ziel einer jeden menschlichen Seele ist es, sich immer weiter lichtvoll in Liebe zu entwickeln, um dem reinen göttlichen Zustand, ihrem Ursprung wieder näher zu kommen. Ob wir jemals dort ankommen, kann uns niemand sagen. Aber wir können uns annähern, und dafür brauchen unsere Seelen die unendlich vielen Inkarnationen.

Bereits in der Antike sprachen die Menschen von der Seele als einer von den Göttern eingehauchten Lebenskraft. Für Platon war es das »rationale Wesen« des Menschen. Im Mittelalter suchten die christlichen Denker im Inneren des Menschen nach Gott. Für den französischen Philosophen, Mathematiker und Naturwissenschaftler René Descartes (1596–1650), der als Begründer des modernen frühneuzeitlichen Rationalismus gilt, war die Seele die denkende Substanz, die unabhängig vom Körper existieren kann: »Ich denke, also bin ich.«

Im 18. Jahrhundert ersetzten die Philosophen die Seele immer mehr durch Begriffe wie Bewusstsein und Selbst. Und ab dem 20. Jahrhundert will die Wissenschaft von einer Seele endgültig nichts mehr wissen. Aus Sicht der modernen Hirnforschung sind alle geistigen Phänomene nichts anderes als neurobiologische Prozesse.

Der Mensch ist jedoch ein geistiges Wesen. Er ist nicht nur ein materieller Körper, sondern sein Leib wird beseelt von seinem Geist und seiner Seele. Alle diese Schwingungen sind göttliche Energien. Und der Geist ist eine übergeordnete Instanz, die beim Denken inneres Wissen und Klarheit schenkt und dem Menschen die Möglichkeit bietet, durch sein Überbewusstsein den Kontakt zur Akasha-Chronik aufrechtzuerhalten und durch Klarheit der Gedanken über das »universelle Hellwissen« zu verfügen, durch das Erkenntnisse und Inspirationen in ihn hineinströmen. Jeder Mensch kennt bewusst wie auch unbewusst diese Kraft, wenn er plötzlich Einfälle, Geistesblitze oder stimmiges inneres Wissen hat.

Beim Sterben verlässt der Geist als Erstes den sterbenden Körper und steigt langsam nach oben, um in der Akasha-Chronik die bisherigen Lebenserfahrungen und das erlangte Wissen zu speichern und dort bis zu einer Wiedergeburt zu verweilen.

Die Seele, die die Emotionen in sich trägt und die dauerhafte Entwicklung der inneren Werte ermöglicht, verlässt den Sterbenden als Letztes. Deshalb sind die Sterbephasen für die weitere Entwicklung der Seele besonders wichtig. Während der Geist den Menschen schon verlassen hat, bleibt die Seele als reine Emotion zurück. Hier kann sie noch einmal das Leben völlig unverfälscht und frei von der rationalen Beurteilungskraft des Geistes erleben.

Der Aufbau des Himmels

Um die jenseitigen Welten besser verstehen zu können, möchte ich hier zunächst Gott, Engel und die geistigen Kräfte erklären. Ich teile sie für unsere irdische Vorstellung in Hierarchien ein.

Gott

Gott befindet sich über allen himmlischen Hierarchien. Gott ist das Absolute und ist in allem und überall. Für die irdischen Wirkungsfelder entfaltet sich Gottes Schwingung in erschaffende (männliche) und hingebungsvolle (weibliche) Energie. Der Begriff »Vater« entspricht der männlichen Energie und beinhaltet die Schöpfung und das Wissen. Die weibliche Kraft, wie sie in Bezeichnungen wie »Mutter« oder »Maria« aufscheint, beinhaltet die Liebe, Weisheit und Hingabe.
Die im Christentum beschriebene Dreifaltigkeit von Vater, Sohn und Heiligem Geist stammt aus einem männlich dominierten Zeitalter, in dem das Weibliche unterdrückt wurde. Man setzte in dieser Auslegung Gott als Vater, Jesus als Sohn und den Heiligen Geist ein.
Die weibliche Kraft wurde bewusst tiefer eingesetzt, nämlich als Maria und damit letztlich als menschliches Wesen.
Richtiger ist es, Gott als das Absolute zu betrachten. Seine Kräfte gliedern sich auf in die schöpferischen, erschaffenden, wissenden = männlichen Kräfte (also Vater) und in die gleichwertigen weiblichen, hingebungsvollen, weisen = weiblichen Kräfte (also Mutter).

Der Heilige Geist

»Unterhalb« Gottes befindet sich der Heilige Geist. Dies ist eine eigenständige göttliche Schwingung, die über allem ruht und mit dem Geist eines jeden Individuums verbunden ist. Der Heilige Geist hat eine direkte Verbindung zur sogenannten Akasha-Chronik. »Heilig« bedeutet göttlich, verbindet sich mit Begriffen wie Hilfsbereitschaft, Dienen, Hingabe. Der Heilige Geist macht dem Menschen seine heilige Aufgabe bewusst, sich weiterzuentwickeln und der ganzen Schöpfung zu dienen.

Das Paradies

Als nächste »darunterliegende« Himmelsschicht können wir das Paradies ansehen. Das Paradies ist eine sehr hohe Himmelsdimension, die Gott sehr nahe kommt. Hier können nur solche Seelen ihren Platz finden, die schon sehr nahe am Ziel ihrer Entwicklung sind und in reiner Liebe bereits gottähnlich schwingen. Das Paradies ist pures, klares Licht und liebevolle Schwingung. Hier herrschen dauerhaft Frieden, Harmonie und Glück.
Das Paradies ist ganz eingehüllt von der Energie des Erzengels Uriel. Sein Name bedeutet »Feuer Gottes«. Er ist auch bekannt als Engel der Gegenwart und als ein Engel der Erlösung. Er wird beschrieben als derjenige Engel, der vor den Pforten des Paradieses steht und darüber wacht, wer hineindarf. Die Schwingung der ankommenden Seele muss ganz der hohen Schwingung der Reinheit entsprechen, um die Lichtschwingung Uriels durchdringen zu können und ins Paradies zu gelangen.
Im Paradies findet der hochfrequente Austausch zwischen den geläuterten menschlichen Seelen und den hohen Engeln über die seelischen Entwicklungsstufen der Liebe statt. Die

Seelen lernen in dieser hohen Lichtschwingung, Gott und die Schöpfung noch intensiver zu verinnerlichen. Da sie selbst ganz dieser Schwingung entsprechen, tragen sie dazu bei, sie zu erhalten. Die Engel wiederum können durch das Miteinander die menschlichen Emotionen, welche ihnen selbst nicht zur Verfügung stehen, besser begreifen, um so ihren Dienst an der Erde und der Menschheit intensiver ausüben zu können.

Wenn diese hohen menschlichen Seelen nochmals auf der Erde inkarnieren möchten, so tun sie dies mit dem Ziel, mehr Licht in unsere Welt zu bringen.

Die Akasha-Chronik

In der nächsten Dimension befindet sich die bereits erwähnte Akasha-Chronik. Diese ist dem Heiligen Geist zugeordnet.

Die Akasha-Chronik ist eine hohe Dimension, in welcher alle geistigen Inhalte gespeichert sind. Der Geist des Menschen ist während seines gesamten Erdenlebens über das höhere Selbst immer mit der Akasha-Chronik und somit mit dem Heiligen Geist verbunden und erhält daraus zu Lebzeiten seine Inspirationen und sein Wissen.

Das höhere Selbst ist der Aspekt und die Ebene des Bewusstseins, welche alle anderen Bewusstseinsebenen überblicken kann und in direkter Verbindung zur Quelle Gottes steht. Damit ist die bewusste Instanz in uns gemeint, die in der Lage ist, das Leben aus der Vogelperspektive des Lebensplans zu betrachten, aus der Sicht einer geistigen Ebene jenseits von Raum und Zeit.

Nach dem physischen Tod tritt der menschliche Geist mit all seinen Erfahrungen in die Akasha-Chronik ein. In diesen hohen göttlichen Dimensionen sind auch Jesus und die Christuskraft beheimatet.

Jesus

Jesus, der Sohn Gottes, wie wir ihn nennen, ist eine heilige Energie der menschlichen Hoffnung.

Christus

Christus ist die heilige Energie der Liebe, eine reine Seelenschwingung: »Ich bin, der ich bin.« Ich erlebe diese Kraft als ein ewiges weißes Licht, oft in einer weißen menschlichen Silhouette. Ich sehe dabei eine vertikale Lichteinstrahlung und empfinde eine warme, umfassend tröstende Kraft.

Die Engel und ihr Wirken

Engel sind Lichtschwingungen Gottes. Sie unterstützen die Entwicklung der Welt und der Menschheit und unterscheiden sich durch ihre Aufgaben. Und so wie es unzählige Dienste am Kosmos, der Erde, den Menschen und den Tieren gibt, so gibt es auch unzählige Engel. Für das menschliche Verständnis können wir die Engel grob in drei große Gruppen mit jeweils drei Untergruppen einteilen.

Die erste und höchste Engelgruppe hat die Aufgabe, das Wissen der Schöpfung zu bewahren, indem sie das Unreine und Schwere verbrennen (Seraphim), indem sie die Weisheit der Schöpfung erhalten (Cherubim) und indem sie das Gleichgewicht der Kräfte auch in Geburt und Tod aufrechterhalten (Throne).

Die zweite und mittlere Engelgruppe sorgt dafür, das göttliche Wissen so »aufzubereiten«, dass es den Menschen mit ihren Auffassungs- und Verständnismöglichkeiten überhaupt zugänglich wird. Diese Engel besingen die Schöpfung, und sie bringen göttliche und irdische Kräfte miteinander in Verbindung. Sie inspirieren die Erde, z. B. über Kunst und Kreativität, und haben auch die Aufgabe, die Harmonie in der gesamten Schöpfung zu bewahren, indem sie das Leid aufnehmen, das von der Erde aufsteigt, und es über lange Zeit hindurch mit göttlicher Kraft erfüllen und umwandeln.

Die Lobpreisengel z. B. sind hohe, in sich gekehrte Engelgestalten, deren »Gewand« einen zarten Orangeton besitzt. Sie stehen in Reihen hintereinander. Während sie die Schöpfung besingen, wiegen sie sich wie in einem Tanz, bei dem sich die Reihen aufeinander zubewegen und miteinander schwingen.

Zur dritten Engelgruppe zählen die Engel, welche dem Menschen am nächsten stehen, z. B. Schutzengel, Heilengel und Familienengel. Die Aufgabe der Engel dieser dritten Gruppe ist es, dem Menschen aktiv bei seiner Seelenentwicklung und seiner persönlichen Entfaltung sowie bei der Erfüllung seiner Aufgaben zu unterstützen.

Schutzengel

Die Schutzengel sind immer einem einzelnen Menschen zugeordnet. Sie gleichen ihm in seiner Seelenschwingung und begleiten ihn durch dieses eine Leben oder auch durch mehrere Inkarnationen. Diese Boten Gottes können wir intellektuell nicht erfassen, weil sie nicht über den Geist und die Gedanken mit uns kommunizieren. Sie erreichen uns vielmehr über unsere Seele, über unsere ehrlichen und aufrichtigen Gefühle, also über die Herzenssprache. Diese sensible, höhere Schwingung, die Wahrnehmung unseres Engels, erleben wir durch innere Wahrhaftigkeit und das bewusste Zulassen von Gefühlen wie Hoffnung, Demut und Liebe.
Jeder Mensch hat einen Schutzengel. Mit diesem Engel haben wir in dieser speziellen Inkarnation eine ganz besondere Verbindung; er begleitet uns jeden Augenblick unseres Lebens und wird uns nie verlassen. Unser Schutzengel hat die Aufgabe, uns unsere Kraft zu zeigen, mit der wir unsere individuellen Lebensthemen und Begabungen in Vertrauen und Freude ausleben können, um vertrauensvoll den Weg in unsere Zukunft zu gehen. Er erinnert uns in jeder Sekunde, mit jedem Atemzug und mit jeder Erfahrung an unseren tiefsten Lebenssinn. Verbinden wir uns in Liebe und Leichtigkeit mit seinem Licht, so kann er uns wertvolle Hinweise geben und uns auf eine lichtvolle Zukunft vorbereiten. Je friedvoller und reiner unsere Absichten sind, desto stärker kann uns unser

Schutzengel begleiten und uns mit seinem Licht behütend zur Seite stehen.

Die meisten Menschen haben »nur« einen Schutzengel. Einige wenige bringen auch zwei Engel als Begleiter mit in dieses Leben. Das heißt jedoch nicht, dass dieser Mensch schwächer oder besser ist als andere. Die Schutzengel sind vielmehr mit der individuellen Lebensaufgabe verbunden. Hat jemand also zwei innere Lebensaufgaben, so bringt er auch zwei Schutzengel in diese Inkarnation mit.

Hat sich ein Mensch zum Beispiel vorgenommen, einerseits sein aus früheren Leben mitgebrachtes Wissen zu nutzen und andererseits die neue Kreativität der heutigen Zeit zu leben, so sind zwei verschiedene Schutzengel dafür zuständig, ihn in beiden Vorhaben zu unterstützen und seine Persönlichkeit in diesem Leben wachsen zu lassen. Manchmal kann es aber auch passieren, dass ein zusätzlicher Schutzengel im Laufe einer Inkarnation zum bestehenden Schutzengel dazukommt – dann nämlich, wenn eine zusätzliche essenzielle Lebensaufgabe entsteht.

Heilengel

In der geistigen Welt existiert eine Dimension der Heilkraft, ein »Himmel der Heilung«. Wenn Sie die lichtvolle geistige Welt um Heilung und Heilkraft bitten, können Sie sich mit diesem »Heilkrafthimmel« verbinden, in dem es besondere Heilengel gibt. Diese Heilengel sind bei Therapien, Meditationen, spirituellen Übungen oder bei anderen Formen der Heilung, vor allem auch bei der Selbstheilung, unterstützend anwesend. Diese Engel sind ganz konzentriert auf das, was der Mensch vom Herzen abzugeben bereit ist, und auf das, was er von ihnen als Heilkraft annehmen will. Heilengel arbeiten nicht mit dem, was der Mensch denkt, sondern mit dem, was in ihm an Emotionen lebendig ist.

Erzengel

Erzengel sind überdimensional große, weltumspannende Energieformen, die gewisse Aufgaben an der Menschheit übernehmen. Sie können sich aufteilen und überall gleichzeitig erscheinen, in einer überschaubaren Größe, so dass der Mensch sie wahrnehmen kann.

Beim Erzengel *Michael* handelt es sich um eine riesige rote »Energiewolke«. Seine Aufgabe ist es, dem Menschen dabei zu helfen, die Angst zu überwinden bzw. loszulassen, um sich für die immerwährende Verbundenheit mit Gott zu öffnen. Der Mensch hat dabei die Aufgabe, die Vergangenheit durch innere Ruhe, inneren Frieden und Furchtlosigkeit loszulassen. Früher wurde der Erzengel Michael vielfach mit einem Lichtschwert als Symbol des Christuskreuzes oder mit einer Lanze als Symbol der Herrschaft Christi dargestellt. Der besiegte Drache, der sich oft auf solchen Darstellungen findet, symbolisiert den Sieg der spirituellen Erkenntnis über die Angst.

Aufgabe des Erzengels *Gabriel* ist es, das Neue zu fördern und die Tatkraft des Menschen zu stärken. Nur über das Herz wächst der Mut für die Gestaltung des Lebens, nur über das Herz wird der Lebensmut immer wieder aufgebaut. Es ist wichtig, das Vergangene loszulassen, um sich auf Neues einlassen zu können.

Der Erzengel *Samael* zeigt sich in einem tiefvioletten Licht und trägt Hoffnung in schwierige Lebensphasen. Er hilft uns, auf dem einmal eingeschlagenen Weg zu bleiben, auch wenn inzwischen Schwierigkeiten aufgetreten sind. Samael steht in enger Verbindung mit dem Thema Ausdauer. Sein Wirken bezieht sich auch auf Familie, Beziehungen und Kinder.

Der Erzengel *Raphael* steht für die Heilkunst des Himmels. Er ist auch für das Leben im Hier und Jetzt zuständig, also dafür, sich nicht von Vergangenheit oder Zukunft in der klaren

Sicht beeinträchtigen zu lassen. Während Michael vor allem mit Vergangenheitsbewältigung zu tun hat und Gabriel mit der Ausrichtung auf die Zukunft, lenkt Raphael unseren Blick und unsere ganze Wahrnehmung auf die Gegenwart.

Der Erzengel *Zachariel* begleitet uns in seinem himmelblauen Licht auf unserer Lebensreise. Er hat ein »abenteuerliches« Naturell, weil er den Menschen einerseits gern zu einem neuen Abenteuer ermuntert, ihm andererseits aber dabei helfen möchte, das einmal Angefangene, seine Ziele und Aufgaben, gut zu Ende zu bringen.

Der Erzengel *Anael* ist der einzige Engel, der sich schon in früheren Jahrhunderten in weiblicher Gestalt gezeigt hat. Auch ich erlebe Anael immer weiblich. Er steht für Anmut und Schönheit im Leben. Er ermuntert die Menschen, sich auch um sich selbst zu kümmern, die geistige Anbindung, die Anmut und Schönheit bewusster wahrzunehmen und so mehr zu ihrer Mitte zu finden. Anael zeigt sich in einem rosafarbenen Licht.

Der Erzengel *Uriel* bringt Ordnung und Harmonie in die Gedanken und den Ausdruck des Menschen. Er steht auch für den Lichtfluss im menschlichen Organismus. Uriel befindet sich in hohen Himmelssphären und strahlt segensreiches silbernes Licht aus. Er ist der Hüter vor dem Himmelsparadies. Uriel wirkt auch immer dort mit, wo Menschen Segenshandlungen vornehmen.

Loslassengel

Wenn der Mensch stirbt, begleiten ihn die Loslassengel über die Schwelle ins Jenseits. Mit lichtvollen Gebeten und Gesängen laden sie die Seele in den Himmel ein. Dabei schweben sie über dem Sterbenden. Sie strahlen in schlichtem weißem Lichtgewand und sind voller Liebe und Aufmerksamkeit für diese Seele. Sie sind ab dem Zeitpunkt da, an welchem der Geist des Menschen anfängt, sich in die jenseitigen Welten zu orientieren, bevor er den Körper verlässt.

Todesengel (Sensenmann)

Die Seele wird immer von ihrem eigenen Schutzengel über die Schwelle des Todes begleitet. Auch auf der anderen Seite führt der Schutzengel sie weiter. In manchen Fällen wird die Seele auch von einer bekannten, lieben Seele – oder auch mehreren Seelen – begrüßt und abgeholt. Wie ist es nun mit den sogenannten Todes- oder Sterbeengeln, die in verschiedenen Religionen und geistigen Lehren vorkommen und oft mit einer Sense in der Hand dargestellt werden?
In Wirklichkeit handelt es sich dabei um lichtvolle Engel mit einer lichtvollen Aufgabe. Das Bild der Sense symbolisiert dabei die Durchtrennung, den Abschied vom irdischen Leben. Diese Engel haben nach dem Tod des Menschen nämlich eine ganz wichtige Funktion an seiner Seele auszufüllen: Sie lösen bzw. »durchschneiden« nach seinem Ableben alle energetischen »Fäden«, welche die Seele noch mit ihren emotionalen Verhaftungen aus ihrem bisherigen irdischen Leben verbindet. Dies geschieht, damit die Seele frei und losgelöst in die geistigen Welten aufsteigen kann, um sich in den höheren Dimensionen weiterzuentwickeln.

Inkarnationsengel

Es gibt drei Arten von Geburts- und Inkarnationsengeln, welche eine große Rolle im Verlauf von Schwangerschaft und Geburt spielen. Am häufigsten sind die Inkarnationsengel, die etwas kleiner als ein erwachsener Mensch sind und sich in weiblicher Gestalt zeigen. Sie strahlen in sonnigem Gelb, haben ruhige und fröhliche Gesichter, die die Freude über die Schwangerschaft und den Geburtsprozess ausdrücken. Die Hauptaufgabe dieser Inkarnationsengel besteht darin, die Entwicklung der Mutter und des Kindes in ihrem Körper zu fördern. Sie sind die gesamte Schwangerschaft hindurch anwesend und unterstützen mit ihrer Energie die einzelnen Entwicklungsphasen in den neun Monaten bis zur Geburt. Diese Engel können sich bereits einige Wochen, manchmal sogar Monate vor der tatsächlichen Empfängnis in der Aura der künftigen Mutter befinden. Ihre Aufgabe ist es nämlich auch, die Frau und ihren Körper auf die Empfängnis vorzubereiten.

Geburtsengel

Es gibt noch größere Geburtsengel in männlicher Gestalt, die blau-violett strahlen. Während die Inkarnationsengel in weiblicher Gestalt ihre »Hände« immer an Mutter und Kind halten und sie behüten, beschützen diese Engel in männlicher Gestalt Mutter und Kind, indem sie wie zwei Säulen links und rechts von der Mutter stehen. Während der Geburt befinden sie sich vor Mutter und Kind und bahnen dem Neuankömmling gewissermaßen den Weg ins Leben. Ein bis zwei Wochen nach der Geburt sind sowohl die Inkarnations- als auch die Geburtsengel immer noch gegenwärtig, bis sich alle Energien des Kindes in seiner neuen Umgebung stabilisiert haben. Ab dann übernimmt der Schutzengel des Kindes, der die Seele ja bereits aus dem Jenseits begleitet hat, diese Aufgabe.

Putten

Schließlich gibt es noch kleine weiß-gelbe Putten, wie sie oft auch in Barockkirchen dargestellt sind. Sie befinden sich etwa im dritten, fünften und siebten Schwangerschaftsmonat über dem Kopf der Mutter. Mit ihrem »Gesang« erwecken sie allmählich Seele und Geist des Kindes.

Das Sterben – Schritt über die Schwelle

Beschreibungen der jenseitigen Welt stammen häufig aus sogenannten Nahtoderlebnissen. Die Definition, wann ein Mensch als tot gilt, ist nicht so leicht festzulegen. Herz- und Atemstillstand und Hirntod sind die medizinischen Kriterien für ein endgültiges Ableben. Nahtoderfahrungen sind davon insofern betroffen, als sie sich stets *vor* dem tatsächlichen, endgültigen Tod ereignen. Wer die Schwelle zum Jenseits wirklich überschritten hat, ist nicht mehr in der Lage, zurückzukommen und von seinen jenseitigen Erlebnissen zu berichten. Menschen, die sich für einige Minuten in diesem »klinisch toten Zustand« befanden, hatten in dieser kurzen Zeit oftmals weitreichende Einblicke in die jenseitigen Welten und in ihre früheren Leben. Nachdem sie in ihren Körper zurückkehrten, konnten sie sehr detailliert über die gemachten Erfahrungen berichten.

Die Nahtoderfahrungen wurden allgemein bekannt, als Dr. Raymond Moody, damals noch Student der Philosophie, 1965 eine Begegnung mit Dr. George Ritchie hatte. Ritchie konnte mit unglaublicher Exaktheit über seine jenseitigen Erfahrungen während eines klinisch toten Zustandes im Jahre 1943 berichten. Moody war von den Schilderungen so beeindruckt, dass er später begann, anderen Berichten und Hinweisen nachzugehen, um mehr über dieses Phänomen herauszufinden. Bei seinen Nachforschungen setzte er sich mit den Schilderungen von Personen auseinander, die an der Grenze zwischen Leben und Tod gestanden hatten und im medizinischen Sinne tot gewesen waren. Die Ergebnisse seiner Untersuchungen präsentierte er in den Siebzigerjahren in seinem Buch *Leben nach dem Tod* (Reinbek 1977), das zu einem internationalen Bestseller wurde.

Schaut man sich Moodys Aufzeichnungen genauer an, dann fällt auf, dass die Nahtoderfahrungen vieler Menschen große Gemeinsamkeiten aufweisen. Häufig wird berichtet, dass der Mensch sich in dieser Situation plötzlich auf wundersame Weise außerhalb seines Körpers befindet und beobachtet, wie man sich bemüht, ihn wiederzubeleben. Nach einiger Zeit beginnt er damit, sich immer mehr an seinen neuen Zustand zu gewöhnen. Er hat das Empfinden, dass er zwar noch einen Körper besitzt, dass sich dieser aber verändert hat und neue Fähigkeiten angenommen hat. Was der Mensch hier als Veränderung erlebt, ist die intensive energetische Schwingung des Seelenkörpers. Durch die Erdennähe der Seele ist die Schwingungsfrequenz noch recht tief, so dass sich die Seele noch als menschlich und in einem körperähnlichen Zustand wahrnimmt.

Eine weitere gemeinsame Erfahrung der Seelen in diesem Nahtodraum ist die Begegnung mit Lichtwesen. Diese Lichtwesen begrüßen die ausgetretene Seele und wollen sie unterstützen, indem sie sie liebevoll auffordern, ihr Leben zu bewerten. Moody beschreibt es so: »Das Lichtwesen steht ihm bei, indem es das Panorama der wichtigsten Stationen seines Lebens in einer blitzschnellen Rückschau an ihm vorüberziehen lässt.« Beinahe jeder Reanimierte berichtet, dass er sich im Laufe dieser Rückschau, so Moody, »einer Art Schranke oder Grenze näherte, die offenbar die Scheidelinie zwischen dem irdischen Leben und dem folgenden Leben darstellt. Doch ihm wird klar, dass er zur Erde zurückkehren muss, da der Zeitpunkt seines Todes noch nicht gekommen ist.« Die meisten Menschen mit Nahtoderfahrung erklären übereinstimmend, dass sie gar nicht mehr ins irdische Leben zurückkehren wollten, da sie von den jenseitigen angenehmen Gefühlen erfüllt waren: Farben, Licht, Liebe, Wärme, Grenzenlosigkeit und Leichtigkeit. Moody schreibt: »Trotz seines inneren Widerstandes – und ohne zu wissen, wie – vereinigt er sich dennoch wieder mit dem physischen Körper und lebt weiter.« Auch wenn in den Nahtoderlebnissen die Seele bereits ihren Körper verlassen und sich auf eine Astralreise begeben hat, so ist sie doch noch energetisch mit dem Körper verbunden. Dies geschieht über die sogenannte »Silberschnur«: ein energetischer dünner Faden, der die Seele mit dem Körper verbindet. In dieser Zwischendimension erkennt die Seele durch ihr höheres Selbst, dass ihre Zeit noch nicht gekommen ist, da ihre Aufgaben noch nicht abgeschlossen sind.

Auch wenn Nahtoderlebnisse anders ablaufen als der tatsächliche Tod, so können wir aus diesen Beschreibungen zu großartigen Einblicken in die anderen Welten gelangen. Der endgültige Tod bedeutet den »Schritt über eine Schwelle« in eine jenseitige Welt, in der man sich neu orientieren muss. Nahtoderfahrungen geschehen in einer Zwischenwelt, die oft als Tunnel beschrieben wird. In dieser Zwischenwelt laufen die Lebensrückschau, die Erkenntnis früherer Inkarnationen und die Einblicke in die geistigen Welten wesentlich schneller ab als nach dem endgültigen Tod. Wenn der tatsächliche Tod eingetreten ist und wir unseren irdischen Körper für immer verlassen, überschreiten wir unwiderruflich die Schwelle ins Jenseits. Es ist ein Schritt hinaus aus Raum und Zeit mit all ihren Begrenzungen, hinein in die Unendlichkeit ohne Konturen und ohne Strukturen.

Dr. George Ritchie beschreibt in seinem Buch *Rückkehr von morgen* (1978) seine Erfahrungen im klinisch toten Zustand, den er zunächst selbst gar nicht bemerkte. Dabei gibt er sehr exakte Einblicke in die unteren Astralwelten, die er durchschritten hat. Er beschreibt darin z. B. die Hölle, die sich wütende, gierige, lasterhafte Seelen selbst aufbauen.

Stefan von Jankovich, der 1964 durch einen schweren Verkehrsunfall zu Tode kam und wiederbelebt wurde, konnte seinen Körper und die Reanimationstätigkeit von oben beobachten und erkannte später sofort den Arzt wieder, der ihn wiederbelebt hatte. Er sah sich in mehreren früheren Leben wieder und beschreibt dies in seinem Buch *Reinkarnation als Realität* (1999) folgendermaßen:

> Mir persönlich wurden im klinisch toten Zustand einige meiner früheren Inkarnationen bekannt. So bin ich heute überzeugt, dass die Reinkarnation eine Tatsache, eine Realität ist.
> So wurde mir bewusst, dass ich früher an der Adriaküste gelebt hatte, und zwar als Pietro Molnar, einem kleinen gierigen Fischer in Dalmatien (1856–1898).
> Vorher war ich im 18. Jahrhundert »Ship-carpenter«, ein Schiffszimmermann in Südengland, sehr wahrscheinlich bei Southampton.
> In der Zeit der Renaissance, Ende 16. bis Anfang des 17. Jahrhunderts lebte ich als schöne Frau in Venedig.
> Ebenfalls als Frau verbrachte ich ein anderes Leben, und zwar eines im alten Griechenland, in der Umgebung von Athen. Es war damals, als Bauersfrau, ein hartes Leben.
> Noch früher lebte ich unter Ramses II., 19. Dynastie (1290–1224 v. Chr.), in Oberägypten als kleiner, unbedeutender Steinmetzsklave. Ich arbeitete damals an verschiedenen Orten und habe dabei das Bildnis der Königin Nefretari als Relief in den Fels gemeißelt. Die Körpermerkmale von Nefretari haben sich mir so eingeprägt, dass mir solche heute noch überaus gefallen.
> Vorher lebte ich als junge Frau auf Kreta und erlebte das Ende der 1. Palastkultur durch den Ausbruch des Vulkans Thira (etwa 1670 v. Chr.), bei dem ich umkam.
> Noch weiter zurück liegt mein Leben auf der Insel Raratonga

*oder Tonga-Rabu in Polynesien. Damals lebte ich, wie als
Pietro in Italien, ebenfalls als Fischer und war auch so eine Art
Priester oder geistiger Führer dieser Dorfgemeinschaft.
Ich verstand, dass ich mit denselben Schwächen, zu denen
Neid, Geldgier, Unehrlichkeit, Herrschsucht, Unterdrückung
anderer Meinungen usw. gehören, schon in früheren Leben
konfrontiert worden war und dass ich auch damals ähnliche
Fehler begangen hatte wie heute, nur die Inszenierung der
Probleme war verschieden, die Handlung blieb die gleiche.
Ich hatte also in meinem jüngsten Leben nichts dazugelernt!
Dies habe ich erkannt.*

Es gibt viele ähnliche Aussagen, welche die jenseitigen Welten und die Reinkarnation untermauern. Vielleicht können sie für manchen Skeptiker eine Hilfestellung bedeuten.

Was bedeutet physischer Tod? Körper, Seele und Geist trennen sich. Der Körper bleibt zurück, die Seele mit all ihren Emotionen und der Geist mit all seinen Erfahrungen bleiben bestehen. Durch das Loslassen des Körpers lösen wir uns auch aus dem Raum. Da die Zeit, nach der wir uns auf der Erde orientieren, an den Raum gebunden ist, gibt es damit auch keine Zeit mehr. Da unser zu Lebzeiten vorhandener Intellekt an das Gehirn gebunden war, das ebenfalls aus Materie besteht, steht uns dieser nun auch nicht mehr zur Verfügung. Wir sind danach eine lichtvolle Seele mit all ihren Emotionen in einer neuen Dimension der Grenzenlosigkeit. Der Weg führt für jede Seele mit Unterstützung der Engel in die lichtvollen Welten. Wie schnell und wie lichtvoll sich der Aufstieg vollzieht, liegt an jedem selbst.

Bei allen Schritten, die ein Sterbender durchläuft, um das Alte – und letztlich auch den Körper – loszulassen, unterstützen ihn die Engel. In erster Linie ist es unser Schutzengel, der uns durch unser gesamtes Leben hindurch begleitet und uns auch während des Sterbeprozesses bis ganz zum Schluss behütet. Es stehen uns in den einzelnen Sterbephasen auch noch andere Engel hilfreich zur Seite. Der Sterbeprozess kann bereits Monate oder auch schon viel früher vor dem letzten Atemzug beginnen.

Der eigentliche Sterbeprozess verläuft in mehreren Phasen, die notwendig sind, damit die Seele letzte Entwicklungsschritte abschließen kann, bevor sie den Körper nach und nach verlässt. Diese Sterbephasen beginnen bei einem natürlichen Tod ab dem Zeitpunkt, zu dem der Geist den Körper verlassen hat und in die Akasha-Chronik aufgestiegen ist.

Dabei verlässt der Geist, meist innerhalb eines Tages, den Körper und steigt auf, um in der Akasha-Chronik die bisherigen Lebenserfahrungen und das Wissen des sterbenden Menschen zu speichern und dort bis zu einer neuen Inkarnation zu verbleiben. Wenn dies irgendwann der Fall ist, d. h. eine neue Inkarnation ansteht, so tritt er wieder zusammen mit der Seele in den neuen, heranwachsenden Körper ein. So sammelt sich von Inkarnation zu Inkarnation immer mehr inneres Wissen an.

Wenn der Geist den Körper verlassen hat, spielt sich vor dem Sterbenden sein Lebensfilm ab. Dieser sieht sein ganzes nun vergehendes Leben aus einer anderen Perspektive, mit dem Schwerpunkt auf seinen noch ungeklärten Emotionen.

Die Seele als ein durchsichtiger, energetischer Lichtkörper verbleibt noch eine gewisse Zeit im Körper, bis der letzte Atemzug vollzogen wurde. Innerhalb dieser Zeit fällt es dem sterbenden Menschen oft viel leichter, sich den inneren Werten zu widmen. Denn durch den nun abwesenden Geist ist er pures Gefühl und hat keine Ablenkung mehr in Form von ständigen Gedanken, rationalen Zukunftsplänen und materieller Ausrichtung.

Er steht jetzt unverfälscht seinen Gefühlen gegenüber, und wenn er sie zulassen kann, hat er die Chance, sich ihnen zu

stellen und die Gelegenheit zur Entwicklung der Glückseligkeit in dieser verbleibenden irdischen Zeit zu nutzen. Die Seele im Sterbeprozess hat die Chance, in »Lichtgeschwindigkeit« die Entwicklung nachzuholen, der sie sich aus verschiedenen Gründen im bisherigen irdischen Leben entzogen hat.
So kann der sterbende Mensch bei seinem Übergang in die himmlischen Sphären seine Zeit zur Verarbeitung und zum Loslassen der nun endenden Inkarnation nutzen.
Während dieser Zeit beginnen sich auch diejenigen Seelenanteile bei dem Sterbenden zu sammeln, welche durch emotionale Bindungen im Außen zerstreut sind, um in die irdische Rückschau mit einbezogen werden zu können.
Der »Schleier des Vergessens« löst sich nun wieder auf. Gemeint ist damit die Energie, die sich während des Inkarnationsprozesses schon im Mutterleib über die inkarnierende Seele legt, damit sich der werdende Mensch nicht mehr an frühere Leben erinnern muss. Der Sinn dieses »Vergessens« liegt auf der Hand: Der Mensch soll sich nicht in Erinnerungen und Emotionen aus der Vergangenheit verlieren, sondern sich ganz auf die neuen Aufgaben und Chancen in der Gegenwart konzentrieren. Sobald der Schleier des Vergessens aber weicht, kann der sterbende Mensch wieder in die geistigen Welten sehen.
Die Energie des Körpers erlischt langsam, so dass der Sterbende im wachen Zustand die geistigen Welten, die er nun genauso sieht wie die materiellen, oft mit den irdischen verwechselt. Dies macht auf die Begleiter dann oftmals einen verwirrenden Eindruck. Der Sterbende wirkt immer mehr abwesend und hält sich bereits zeitweise in anderen Welten auf. Er beobachtet die Seelen anderer Verstorbener, die er in den jenseitigen Welten sieht, und gewöhnt sich allmählich an die geistige Welt. So geht die Zeit der Verarbeitung und des Loslassens weiter.

Die Seelenanteile aus den vergangenen Lebensphasen sammeln sich nochmals gehäuft an. Es handelt sich hier um die bereits genannten emotionalen Seelenschwingungen, welche an vergangenen Geschehnissen, Ereignissen, Menschen und Orten hängen geblieben sind und jetzt noch einmal zurückkehren, intensiver denn je. Während dieses seelischen Sammlungsprozesses strahlt der Geist des Sterbenden aus der geistigen Welt der Akasha-Chronik. Er leuchtet quasi wie ein Stern und zeigt der Seele ihre Verbindung, ihren Weg in das Licht auf. Dies macht sich dadurch bemerkbar, dass der Mensch gestärkt und geradezu euphorisch wirkt. Dieser Prozess geschieht jedoch nur für einen kurzen Zeitabschnitt, meist nur für einen Tag. Danach verabschiedet sich die Seele innerhalb einer absehbaren Zeit, und der Tod tritt ein.

Die Seele befindet sich nun friedvoll neben ihrem liegenden, vergehenden Körper. Sie schwebt leicht über der Erde, befindet sich noch quasi über einem materiellen dunklen Untergrund, welcher der irdischen Welt entspricht. Vor ihr befindet sich ihr lichtvoll strahlender Schutzengel und schwebt über einer hellen und lichten Dimension. Vor diesem Übergang, dem Schritt über die Schwelle, sammelt sich die Seele in ihren Seelenanteilen noch mehr, bevor sie ihren Körper ganz verlassen und sich in die geistige Ebene bewegen kann. Während dieser Phase ist oftmals zu beobachten, dass der Körper in seiner Materie vergeht, während die Seele ihn allmählich verlässt. Man kann daran erkennen, dass es die Seele ist, die den Körper belebt.

Der Schutzengel öffnet seine Lichtflügel und Arme und lädt die Seele ins Jenseits, ins Licht ein. Jetzt geht es darum, dass die Seele diesem Licht vertraut und es wagt, den »Schritt« hin zu ihrem Schutzengel zu machen und damit das irdische Leben endgültig loszulassen. Diese Phase braucht oft etwas Zeit, bis die Seele absolutes Vertrauen entwickelt hat.

Für das seelische Vorwärtskommen im Sterben arbeiten viele

Engel an der Seele. Der ganze Raum ist mit Engeln erfüllt. Ihr Licht »leuchtet« den Weg in eine neue geistige Geburt aus, damit die Seele mit größerer Sicherheit nach Hause zu Gott gehen kann.

In der nächsten Phase, der Phase des höheren Erkennens und Begreifens, verweilt der Schutzengel immer noch geduldig und ruhig vor der Seele und wartet, bis diese das Verarbeiten und Loslassen abgeschlossen hat. Der Sterbende ist dabei noch weniger ansprechbar und macht oftmals einen wenig präsenten Eindruck.

Dabei betrachtet der Geist dieses Menschen in der Sphäre der Akasha-Chronik alle vergangenen Leben und vergleicht dies mit dem nun vergehenden. Das nimmt die Seele des Sterbenden wahr und braucht dies auch, um aus den in diesem Leben eingetretenen Stagnationen herauszukommen, sich auf die Zukunft im Jenseits einzustellen und Vertrauen in den Schritt über die geistige Schwelle zu entwickeln.

Die Zeit der Begleitung sollte für den Sterbenden eine intensive, liebevolle und heilige Zeit sein. Diese Begleitung kann auch für die begleitenden Familienangehörigen eine große seelische Wachstumsphase darstellen. Denn das Sterben gehört zum irdischen Leben und ist genauso selbstverständlich wie die Geburt. Beides ist ein himmlisches Wunder: das Werden wie das Vergehen. Durch Gebete kann der Prozess leichter und lichtvoller gestaltet werden. Ein wichtiges Gebet, welches immer wieder innerlich gesprochen werden sollte, lautet:

»Liebe(r) … (Vorname), schau immer nach oben in das Licht und folge den Engeln.«

Die innere Haltung des Sterbenden sollte vorherrschend so sein, dass er oder sie denkt bzw. fühlt:

»Gottes Liebe erfüllt meine Seele. Ich fühle mich im Licht geborgen.

Ich vertraue Gottes Führung, gebe mich hin und weiß, dass es lichtvoll weitergeht.«

Diese ausdrücklich eingenommene Bewusstseinshaltung führt dazu, dass man die Gegenwart der Engel spüren kann, auch wenn man sie vielleicht noch nicht sieht. Findet der Mensch noch zu Lebzeiten Vertrauen in die geistigen Welten, so wird er sich vertrauensvoller in die Feinstofflichkeit hingeben und die Führung und Begleitung des Schutzengels annehmen können. Die geistige Haltung, in der die sterbende Person sich befindet, die Annahme der lichten Helfer, das Vertrauen in Gott und die Schöpfung, stellt einen entscheidenden Schritt zum inneren Frieden dar und hat nicht nur Einfluss für das nun zu Ende gehende Leben, sondern auch für das Zurechtfinden in den geistigen Welten. So gibt es Menschen, die bereits in der Sterbephase ihr altes Leben vertrauensvoll aufgeben, sich auf die lichten Helfer einlassen und in die lichtvollen Dimensionen einziehen können. Andere tun sich dabei erheblich schwerer. Skepsis kann uns auch hier bremsen wie im irdischen Leben.

Nun kommt die Zeit des Loslassens. Die Seele hält noch an ihrem Körper fest, aber immer mehr Seelenanteile treten aus dem Körper heraus und sammeln sich außerhalb. Dadurch gewinnt der neben dem Körper sich befindende Seelenleib immer mehr an Form und Fülle. Der Schutzengel begleitet und unterstützt weiterhin den Prozess.
Die Seele entfernt sich nun etwas mehr vom Körper, während der Körper immer friedvoller und ruhiger wird.
In dieser Zeit lässt der Geist in der Akasha-Chronik seine eigene »Sternenform« los und wird selbst zu einem Teil der Akasha-Chronik. Dies entspricht seinem ursprünglichen Zustand, der alle früheren irdischen Daseinsebenen und Erfahrungen enthält. Der Geist identifiziert sich dabei immer mehr

mit dem Kosmos. Er schwingt nicht mehr mit der irdischen Welt, sondern verbindet sich in seiner Energie mit dem Universum. Dabei bewahrt er die Erfahrungen und das Wissen aller bisherigen Leben des Individuums.

Die Seele hat noch Schwierigkeiten, sich dauerhaft vom Körper zu lösen, weil sie ihn als zu ihr gehörig empfindet. Es kommt jetzt darauf an, zu begreifen, dass der Körper ein vorübergehendes Zuhause oder Werkzeug gewesen ist, das ausgedient hat und dem Geist und der Seele keinen Raum mehr fürs irdische Dasein geben kann. Daher soll er in Dankbarkeit losgelassen und der Erde, der Materie, zurückgegeben werden.

Vielen Menschen fällt es gerade deshalb so schwer, die Unsterblichkeit der Seele zu verstehen, weil sie sich mehr über den Körper identifizieren und weniger über die Seele (Gefühl) oder den Geist (Klarheit). Deshalb glauben viele Menschen eher an die Endlichkeit des Lebens und die damit verbundene Hilflosigkeit vor dem Tod statt an die Unendlichkeit und Liebe.

Im normalen Sterbeprozess ist jedoch irgendwann der Moment gekommen, an dem sich die Seele vertrauensvoll dem Neuen stellen kann. Dann schläft der Körper für immer ein.

Ungefähr zwei Tage nach dem Ableben kommen weitere lichtvolle Engel und trennen alle noch vorhandenen emotionalen Energiefäden, welche vornehmlich von den trauernden Hinterbliebenen in Resonanz mit der Seele schwingen, damit die Seele sich ganz aus dem irdischen Resonanzfeld befreien kann. Diese besonderen Engel werden in der irdischen Darstellung oft mit einer Sense gezeigt und somit auch als Sensenmann bezeichnet.

Nun können sich auch die immer noch stark verbreiteten Seelenanteile, losgelöst von den irdischen Erinnerungen, sammeln. Sie sammeln sich vorwiegend im Oberkörper, in der Herzgegend. In dieser Energie ist auch die letzte Erfahrung enthalten, nämlich die Erfahrung des Sterbens, die ebenfalls ins Jenseits mitgenommen wird. Diese letzten, durch die Engel emotional abgetrennten Seelenanteile treten nun aus dem Körper aus. Danach ist die Seele im Jenseits vollständig angekommen.

Der Weg durch die oberen Astralwelten

Nun betritt die menschliche Seele das Himmelreich Gottes, die geistigen Welten. Die Seele wird immer vom eigenen Schutzengel über die Schwelle des Todes begleitet. Auf der anderen Seite führt sie der Schutzengel weiter, und wenn die ankommende Seele dies zulassen kann, hüllt er sie ein, um ihr Geborgenheit und Sicherheit in der »neuen« Dimension zu vermitteln. In manchen Fällen wird die Seele auch von einem oder mehreren bereits verstorbenen Verwandten oder von einer anderen heiligen Energie bzw. einem Lichtwesen wie Jesus empfangen. In anderen Kulturen kann es auch ein anderes heiliges Wesen sein, welches die Seele empfängt. Auch bei Nahtoderlebnissen wird immer wieder berichtet, dass die Seelen von Lichtgestalten, von verstorbenen Verwandten, Bekannten, Jesus oder anderen lichtvollen Geistwesen empfangen worden sind. Der göttliche Ausdruck zeigt sich in der Form, die der jeweilige Mensch am besten begreifen und annehmen kann.

Wenn die Seele ihren Schutzengel annimmt, so wird er sie energetisch einhüllen, und sie wird sich in den geistigen Welten angekommen fühlen. Sie weiß, dass sie in der irdischen Welt verstorben ist, und wird sich meist noch einige Zeit in der Erdennähe bei nahestehenden Menschen aufhalten, um noch etwas zu verstehen bzw. auch noch für sich zu lösen. Sie kann den Hinterbliebenen auch eine hilfreiche Unterstützung zukommen lassen. Wenn das Vergangene dann geklärt ist, wird sie sich immer mehr liebevoll lösen und mit dem Schutzengel zu den oberen Astralwelten aufsteigen. Die Seelen, welche sich vom Licht einhüllen lassen, können die irdische Bindung loslassen und in Leichtigkeit aufsteigen. Sie werden weiter in die höheren Himmelssphären geleitet.

Bei Menschen, die an einer schweren Krankheit gelitten haben, beobachte ich immer wieder, dass nach dem Tod die Engel die Seele aufnehmen und in einen heilsamen »Schlaf« führen. Dieser »Schlaf« kommt umso eher, je eher die Seele bereit ist, ihren Kummer loszulassen, der zur Krankheit geführt hat bzw. den die Krankheit ausgelöst hat. Der heilsame »Schlaf« der Seele kann nach unseren Zeitbegriffen einige Monate dauern. In dieser Zeit darf sich die Seele erholen, sie kann neue Kräfte sammeln, bis sie dann wieder erwacht und mit frischer Aufmerksamkeit ihr vergangenes Erdenleben noch einmal anschauen kann, um es zu verarbeiten und belastende Emotionen zu erlösen.

Es kommt aber auch vor, dass ein Mensch nicht begreift, dass er verstorben ist. Es gibt auch Seelen, welche in Wut, Aggression oder als nicht gläubige Atheisten den größten Teil ihres Lebens verbracht haben und diese Emotionen in die lichten Welten mitnehmen. Sie werden Schwierigkeiten haben, sich in den geistigen Welten zurechtzufinden. Diese Seelen werden zunächst in der Astralebene oder gar in den unteren Astralwelten verweilen, weil sie den Blick nicht zum Licht erheben, da sie dort nichts erwarten. Der Schutzengel behütet diese Seelen ständig und wartet darauf, dass sie ihn wahrnehmen, um sie dann ins Licht zu geleiten. Ebenso können durch einen schnellen Tod – Unfall, Krieg, Infarkt etc. – ums Leben gekommene Menschen in einer Art Schockzustand verharren, ohne zunächst zu begreifen, dass sie verstorben sind. Sie verbleiben in der erdnahen Dimension, der Astralebene, in der Nähe der Menschen. Doch auch für sie wird mit Hilfe des Schutzengels der Aufstieg stattfinden.

Sobald die Seele auf die eine oder andere Weise für den Aufstieg bereit ist, wird sie zu den höheren Astralwelten geführt, wo dann die eigentliche Lebensrückschau stattfindet. Hier kann die Seele auch die wichtigsten für ihre Entwicklung nötigen Emotionen und Geschehnisse aus früheren Leben wahrnehmen und sie mit den Erfahrungen des vergangenen Lebens vergleichen.

Diese geistige Rückschau geschieht vornehmlich in den sieben Entwicklungs- und Erkenntnisschritten, die auch im irdischen Leben wichtig und notwendig sind. Es handelt sich um Erkenntnis, Verständnis, Vergebung, (Ur-)Vertrauen, Mut, Loslassen alter Emotionen und Liebe. Hier, in den oberen Astralwelten, kann die Seele rückblickend die Emotionen genauer betrachten, die im irdischen Leben blockiert waren und sie in ihrer Entwicklung gehemmt haben. Solche Blockaden kann sie, soweit es ihr möglich erscheint, lösen.

Diese Aufarbeitung findet schrittweise statt, und auch wenn sich die einzelnen Schritte gegenseitig bedingen, setze ich sie zum besseren Verständnis hintereinander. Und auch wenn die Himmelsdimensionen unbegrenzt und unendlich sind und sich nicht einfach als Räume darstellen lassen, so möchte ich Ihnen doch ein überschaubares Gedankenmodell vorstellen, um die Astralwelten besser begreifbar zu machen.

Stellen wir uns also die Erde, die wir während unseres irdischen Lebens bewohnen, als eine große menschliche Spielwiese vor, auf der wir in den Gegensätzen, über unsere eigene Resonanz (wir resonieren z. B. auf gewisse Eigenarten eines Mitmenschen, weil genau diese auch unterbewusst in uns vorhanden sind), die für unsere Seelenentwicklung wichtigen und notwendigen Erfahrungen machen. Wir werden hier mit unseren Bedürfnissen, Gelüsten, Süchten, mit Auseinandersetzungen, Macht, Gewalt, Verlust, Schmerz und vielem mehr konfrontiert. Aber wir erleben auch die Macht der Liebe und des Lichtes, des Loslassens und Verzeihens.

Wenn sich dann in uns die Erkenntnis durchsetzen kann, dass in Liebe und Demut vieles lösbar und machbar ist und der tiefe Glauben an die Schöpfung und das Gute gar »Berge versetzen« kann, dann hat dieses Erdenleben unsere Seelenqualität wahrlich einen großen Entwicklungsschritt vorwärtsgebracht, und wir sind unserem für diese Inkarnation vorgesehenen Lebensweg gefolgt.

Nach unserem Ableben treten wir wie durch eine Tür in einen struktur- und konturlosen Raum ein, von wo der vorgegebene Weg zum Licht über die oberen Astralwelten weitergeht. Wir gelangen in einen großen und schönen Saal: den Astralraum oder die Astralebene. Hier scheint allerdings eine Art Nebel zu herrschen, der es uns zunächst unmöglich macht, etwas wahrzunehmen. Wir scheinen in einem Raum gelandet zu sein, wo die Orientierung nach den bisherigen Maßstäben nicht mehr funktioniert. Wir benötigen nun Wissen oder zumindest einen starken Glauben über den Weg, der nach oben führt: zu Gott, ins Licht. Wir benötigen dazu den innigen Kontakt mit unserem Schutzengel, welcher uns liebevoll behütet, uns Vertrauen gibt und mit uns gemeinsam den Weg geht.

Über dem Astralraum stellen wir uns nun die obere Astralwelt in Form von sieben lichtvollen, himmlischen Räumen vor. Dies sind die sieben oberen Astralebenen. Je höher wir hinaufsteigen, desto herrlicher, lichtvoller und resonanzloser wird es, und desto leichter fühlen wir uns. Über diesen sieben oberen Ebenen befindet sich dann die himmlische Dimension für die geläuterten Seelen und darüber das Paradies, aus dem wir, laut dem Alten Testament, mit dem Beginn unserer Entwicklung gefallen sind und welches das absolute Ziel einer jeden Seele ist. Jede Seele ist von der tiefen Sehnsucht getrieben, dorthin zurückzukehren. Letztlich liegt darin der Sinn

der unendlich vielen Erfahrungen in unendlich vielen Erdenleben wie auch die dazwischenliegenden Erfahrungen in den himmlischen Gefilden.
Und über alldem befindet sich Gott mit seiner Liebe und Güte, dessen Licht alles bis in die tiefsten Ebenen durchdringt.

Unterhalb des Astralraumes bzw. der Astralebene gibt es aber auch einen Keller mit mehreren Etagen, die unteren Astralwelten. Es handelt sich hier ebenfalls um schöne Räume. Ihre Schönheit kann allerdings von den Bewohnern nicht erkannt werden, weil das Licht, obwohl es vorhanden ist, noch nicht zu ihren Seelen vordringen kann. Sobald aber eine Seele nach dem Licht sucht, wird sie es sofort erkennen und kann ihm folgen.

Die Dimensionen, die die Seele durchläuft, haben den tiefen Sinn, dass wirklich jede Seele durch die Erkenntnis geläutert und befreit ins Licht gelangt. Es ist also im göttlichen Plan nicht vorgesehen und auch nicht möglich, dass eine Seele, welche uneinsichtig, ungeläutert, in negativen Emotionen gefangen ist, in diesem Zustand wieder inkarniert. Jede Seele muss zwingend alle Dimensionen der oberen Astralwelten durchlaufen, um dann – und tatsächlich erst dann –, nach der siebten Dimension der Liebe, im geläuterten Zustand selbst zu entscheiden, wo und wie sie ihre weiteren Erfahrungen machen möchte: im Himmel oder in einer neuen Inkarnation auf der Erde.

In der **ersten Entwicklungsstufe** der oberen Astralwelten geht es um die Erkenntnis. Weiß-blaue Engel vermitteln in dieser ersten Dimension Ruhe, da dies eine Voraussetzung für die Erkenntnis ist. Damit helfen sie der Seele, im Jenseits anzukommen. Sie umgeben die Seele in Form eines Kreises.

Hier geht es zunächst darum, zu erkennen, dass das irdische Leben vorbei ist und dass es neue Ziele gibt. Dies ist erst dann möglich, wenn die Seele im Jenseits bereit ist, diesen Zustand zu akzeptieren. Ab hier beginnt ihr gezielter Weg ins Licht.
So wie im täglichen irdischen Leben besteht die Aufgabe darin, am Vergangenen nicht festzuhalten, sondern stets offen und interessiert wie ein Kind nach vorne zu blicken. Es ist deshalb sehr wichtig, bereits im irdischen Leben zu üben, gewisse unumgängliche Geschehnisse zu akzeptieren und ihnen einen lichtvollen Sinn zuzuordnen, anstatt zu kämpfen. Dann kann sich der Blick in eine neue Richtung verändern, so dass sich neue Möglichkeiten, eine bessere Lebensqualität und andere Perspektiven ergeben, hin zu einer positiveren Zukunft.
Spätestens beim und nach unserem irdischen Ableben müssen wir uns zwingend mit dem Loslassen auseinandersetzen. Diese Aufgabe durchlebt die Seele bereits in den Sterbensphasen ihrer Körperlichkeit. Wenn der sterbende Mensch sich bewusst wird, dass sein bisheriges Leben endet, und wenn er sich auf das neue Leben im Jenseits friedvoll einlassen kann und sich darauf vorbereitet, so wird es ihm wesentlich leichter fallen, das irdische Leben loszulassen und den vorgegebenen Weg ins Licht zu gehen.
Dies sollten wir uns jeden Tag unseres Lebens bewusst machen und nicht in Zweifeln und angstgeprägten Emotionen erstarren, sondern das emotionale Herz im täglichen Bewusstsein immer weiter zur Liebe öffnen. Denn eine liebevolle seelische Entwicklung prägt nicht nur das irdische Leben, den Sterbeprozess und das Zurechtfinden in den jenseitigen Welten, sondern auch die zukünftigen Inkarnationen. Kein positiver Gedanke, kein Gefühl und keine Handlung ist umsonst oder geht jemals verloren, sondern wirkt auch noch in ferner Zukunft.

In der **zweiten Stufe,** die der **Lebensrückschau** dient, geht es um das Verständnis. Die Engel in dieser Dimension erstrahlen in grünem Licht, erschaffen und unterstützen den rückläufigen Lebensfilm, zeigen die Stationen des vergangenen Lebens auf und halten die Rückschau aufrecht. Sie unterstützen die Seele bei der emotionalen Aufarbeitung. Die Engel stehen beidseitig des Lebensfilms als eine Art Spalier.
Hier besteht die Aufgabe darin, zu verstehen, warum die Dinge so sind, wie sie sind, und warum die Menschen, die der Seele zu Lebzeiten begegneten, sich auf eine ganz bestimmte Weise verhielten.
Dieses Verstehen ist eine besonders herausfordernde Aufgabe. Denn auf dieser Ebene findet die erste und somit intensivste Lebensrückschau der Seele im Jenseits statt. Während alle weiteren Lebensbilder in den nachfolgenden oberen Astralwelten nur noch als einzelne Momentaufnahmen auftreten, abhängig von der Emotion, welche es in der entsprechenden jenseitigen Phase zu heilen gilt, geht es in dieser Ebene um eine komplette Betrachtung des gesamten letzten Lebens.
Wohlgemerkt: Dies ist nicht mit der Lebensrückschau bei einem Nahtoderlebnis zu vergleichen, denn im Nahtoderlebnis geht es bei einer rückschauenden Betrachtung des eigenen Lebens um die Feststellung, was bisher falsch gelaufen ist. Die nötigen Korrekturen sollen dann in der irdischen Welt durch menschliche Handlungen liebevoll vollzogen werden.
Während der intensivsten Phase der Lebensrückschau in dieser zweiten, jenseitigen, oberen Astralwelt hat die Seele aber keine Möglichkeit mehr, »irdisch«, also mit Geist und Intellekt, etwas zu verändern, sondern jetzt ist sie gefordert, alles Unerledigte rein emotional mit sich selbst auszumachen. Mit den hinterbliebenen Menschen gibt es keine Kommunikation mehr, die Seele kann sich also nicht mehr, wie zu Lebzeiten und bisher gewohnt, mitteilen und vergangene Geschehnisse und Irritationen rückgängig machen.

Daher wäre es sehr hilfreich, sich schon während des Erdenlebens Gedanken darüber zu machen, wo es Bedarf an Aussprache und Versöhnung gibt und was uns mit innerem Frieden erfüllt. Das Verständnis ist eine lichtvolle, menschliche Eigenschaft, welche bereits auf Erden entwickelt und gelebt werden will, in allen menschlichen Erfahrungen.

In der **dritten Stufe** geht es um Vergebung. Die Seele steht vor der Aufgabe, sich selbst und allen anderen alles Negative zu vergeben, was noch zu spüren ist. In dieser dritten Dimension befinden sich violette Engel in zwei Reihen zu beiden Seiten der Seele. Sie stehen mit nach oben offenen Armen und Händen betend da. Sie helfen der Seele, Demut zu entwickeln, um zu vergeben, und zeigen dabei einen Vergebungsschritt nach dem anderen auf. Wenn die Seele eine Angelegenheit vergeben hat, so kann sie einen weiteren Schritt vorwärts machen und gelangt zum nächsten Vergebungsschritt. Das setzt sich so lange fort, bis alles, was noch offen war, verarbeitet und vergeben ist.

All die Unzufriedenheiten, Schuldzuweisungen und das schlechte Gewissen, welche in der Seele noch vorhanden sind, wollen hier gelöst werden. Die Seele findet keinen Frieden, wenn sie diese Erinnerungen nicht durchdringt und vergibt, sich selbst und anderen. Was hier nicht vergeben und losgelassen werden kann, wird unweigerlich in kommenden Inkarnationen wieder eine Rolle spielen und über das Resonanzprinzip gewisse Ereignisse anziehen, die für die Entwicklung der Seele noch notwendig sind.

Jeder Mensch möge sich deshalb bereits im irdischen Leben immer wieder fragen, wo er sich emotional beengt und vielleicht verbittert fühlt, und er sollte diesen Punkten befreiend und heilend nachgehen. Denn auf der Erde, in der Materie, kann der Mensch die irdischen Erfahrungen in Resonanz mit den beteiligten Menschen durch ein klärendes Gespräch, eine liebevolle Geste usw. lösen und somit durch Vergebung neue Verhaltensmuster für sein Glück üben. Auf diese Weise wird er seine innere Enge und Schwere verwandeln.

Im Jenseits wird er das Vergangene nur aus der geistigen Perspektive beobachten können und muss dann aus der Weisheit das vergangene Leben und das eigene Verhalten begreifen, um in die Vergebung zu gelangen. Oftmals ist dies auch erst die Chance für Seelen, die es während ihres irdischen Lebens nicht geschafft haben, bestimmte Dinge zu verzeihen. Denn aus dieser Perspektive kann die Seele die Ereignisse der Vergangenheit und die Motivation des »Täters« und seine Handlungen aus einer neu gewonnenen Neutralität heraus begreifen und vergeben. Die Seele kann in dieser Rückschau auch den Grund für eigenes Verhalten erkennen und verstehen, sich selbst verzeihen und loslassen.

Geklärte und liebevoll losgelassene vergangene Beziehungen sind sehr wichtig, um in Zukunft immer Positiveres anzuziehen, weil man dann aus Vergangenem wirklich gelernt hat. In der Kraft der Vergebung spürt man die Nähe zu Gott.

In der **vierten oberen Astralebene** geht es schließlich um das Vertrauen: Vertrauen in sich selbst, in die Situation, in die Schöpfung, in das Licht, in den Schutzengel, der die Seele begleitet und ihr hilfreich den Weg zeigt. Vertrauen darauf, dass alles lichtvoll weitergeht. Engel in durchscheinend weißem Licht streichen hier den Seelenleib aus und nehmen ihm die beschwerlichen Emotionen ab, welche ihn am Vertrauen hindern. Auf diese Weise kann die Seele zum völligen Vertrauen gelangen.

Vertrauen ist oftmals bereits zu Lebzeiten eine der größten Herausforderungen für den Menschen. Mangelndes Urvertrauen zeigt sich sowohl im Umgang mit uns selbst wie auch mit den Mitmenschen, mit der Schöpfung, mit geistiger Führung etc.

So wie es den Menschen zu Lebzeiten oft schwerfällt, sich vertrauensvoll in die Arme eines Mitmenschen fallen zu lassen, so fällt es den Seelen im Jenseits oft auch schwer, sich im Licht Gottes fallen zu lassen und zu schweben. Denn dies bedeutet, die scheinbare Kontrolle zu verlieren. Diese Kontrolle ist eine Illusion, aber solange der Mensch sie aufrechterhält, fühlt er sich sicher. Außerdem kommen im Unterbewusstsein oft die Erinnerungen an Erlebnisse hoch, bei denen man enttäuscht wurde und sein emotionales Herz verschlossen hat.

So ähnlich fühlt es sich dann auch im Jenseits an, wenn man vor seinem Schutzengel steht und der Schutzengel einem die Hand vertrauensvoll entgegenstreckt. Die Seele müsste nur zugreifen, müsste die Hilfe annehmen. Um hier Vertrauen zu finden, muss die Seele bestimmte Erlebnisse des vorangegangenen irdischen Lebens rückschauend wieder betrachten, um zu begreifen, dass gewisse Situationen in der Vergangenheit vielleicht äußerst belastend waren, sich aber in der jetzigen Situation nicht mehr wiederholen können. Letztlich läuft es immer wieder darauf hinaus, dass auch belastende Situationen große irdische Erfahrungen sind. Dabei ist die Bewusstwerdung des Lichtvollen, Liebevollen und Positiven notwendig, um sich frei und losgelöst wie ein Kind zu fühlen und sich in die »himmlischen Arme« fallen zu lassen.

Auch diese Entwicklung kann bereits hier auf Erden beginnen, wenn man allem Geschehen nachträglich einen lichtvollen Sinn zuordnet. Dadurch stärkt sich das Vertrauen, und die innere Leichtigkeit kann bereits auf Erden geübt und gelebt werden.

Die **fünfte Stufe** steht für den Mut, den Schritt ins Licht zu tun und sich auf das Neue einzulassen. Hier ermutigen im roten Licht strahlende Engel die Seele mit sanften Bewegungen, sich vorwärtszubewegen, und überbringen die Botschaft: Du hast nichts zu verlieren, schreite mutig voran ins Neue.

Bis hierher hat die Struktur der Seele noch eine gewisse Ähnlichkeit mit der Form des Menschen zu Lebzeiten. Wenn sie in dieser Dimension den Mut aufgebracht hat, den großen, vertrauensvollen Schritt zu »neuen Ufern« zu vollbringen, wird sie selbst lichtvoller und wird ihre Struktur, direkt proportional zum Loslassen der irdischen Bindung, immer mehr aufgeben und immer mehr zu einem Licht erstrahlen.

Freilich ist der Mut, die eigenen Grenzen zu überwinden und sich in der Weiterentwicklung wohl zu fühlen, eine sehr große innere Herausforderung. Aber dieser Mut ist wichtig, denn in den geistigen Welten wird es nun darum gehen, sich auf das Neue, bisher nicht Bekannte, einzulassen. Denn die jenseitigen Welten sind immer anders, als man denkt, weil man aus der begrenzten bisherigen bewussten Erfahrung die lichtvolle Wahrheit nicht kennen kann.

Oft sieht die Seele im Jenseits das reine, erfüllende Licht, das sie lockt, aber sie wagt es nur zögernd, dem inneren Ruf zu folgen. Das allmählich entstehende positive und befreiende Gefühl weckt gleichzeitig Zweifel und Unsicherheit, weil die Seele im vergangenen irdischen Leben nicht gelernt hat, ihrem Herzensruf zu vertrauen, so dass ihr eher die Schwere bekannt ist. Und da alles Bekannte und Eingefahrene scheinbare Sicherheit gibt, bleiben die Menschen wie auch ihre Seelen eher auf dem Weg der Schwere, als dass sie sich ohne Zögern dem Neuen überlassen würden.

Hilfe steht aber bereit: Der Schutzengel leistet immer genau die Hilfe, die die Seele anzunehmen bereit ist.

Die **sechste Stufe** steht für das Loslassen von allem Vergangenen, allen Erwartungen und Befürchtungen. Engel im weißen Licht knien vor der Seele und halten die Hände in empfangender Geste offen. Alles, was die Seele nun an belastenden Energien loslässt, wird von den Engeln aufgefangen und in ihrem Licht transformiert, damit sich die Seele im neuen Glanz neu erleben kann.

Das Loslassen ist *der* große Schritt in einen noch feinstofflicheren und erlösteren Seelenzustand. In dieser Phase hat sich die Seele bereits mehr auf das »Leben« im Jenseits eingestellt und ist in ihrer emotionalen Entwicklung einen großen Schritt weitergekommen. Es wird ihr mehr und mehr bewusst, dass sie ein Teil der lichtvollen geistigen Welten ist. Jetzt steht es an, bereit zu sein, das vergangene irdische Leben und die damit verbundenen Erinnerungen loszulassen, um frei zu sein für einen Neubeginn im Licht.

Der Seele wird bewusst, dass sie durch das Loslassen nichts verliert, sondern eine emotionale Distanzierung erlebt, die zu einem neuen Zustand in der jenseitigen Lebensqualität führt. Die Seele wird sich fragen müssen, ob sie bereits die lichtvolle Leichtigkeit annehmen kann oder ob eine emotionale Situation aus dem vorangegangenen irdischen Leben sie noch beschäftigt. In dieser Phase müssen die Prioritäten ganz eindeutig auf die lichtvolle Zukunft im Jenseits gelegt werden und nicht auf die Spannungen der Vergangenheit. Sonst kann die Seele sich nicht in ihrer Schwingung erhöhen, um so leicht zu sein, dass sie bereit wäre, weiter aufzusteigen.

Die innere Bereitschaft zum Loslassen sieht im Jenseits ähnlich aus wie auf der Erde. Wenn wir eher dazu neigen, dem weniger Licht- und Friedvollen hinterherzugrübeln, dann können wir auch hier kein vollständiges Vorwärtskommen und kein Lebensgefühl der Leichtigkeit erwarten. Wir können auf Dauer nichts und niemanden besitzen, außer uns selbst. Lassen wir also den inneren Kampf und Krampf los. Es wäre wunderbar, wenn wir diese Lebensphilosophie bereits in der irdischen Gegenwart ausleben könnten, um dann die von uns erschaffene innere Freiheit auch schon auf Erden genießen zu können.

In der **siebten Stufe** der oberen Astralwelt geht es schließlich um die Liebe. Die Seele hat die Aufgabe, alles nur noch in Liebe zu betrachten, nur an Liebe zu glauben, nur Liebe zu sein. Das Liebesempfinden wird möglich, wenn die Seele in allem die Schönheit und das Licht erblickt, vor allem in sich selbst. In dieser Dimension unterstützen Engel im rosafarbenen Licht die Seele. Sie sind kreisförmig um die Seele herum angeordnet, erheben und lobpreisen sie und überbringen die Botschaft: »Erkenne dich in Gott.« Aus ihren Lichthänden strahlt grünes Licht, das die Seele aufnimmt. Diese Lichtfülle stärkt sie für ihren weiteren Weg und ihre Entscheidung, welchen Pfad für ihre weitere Entwicklung sie nun einschlagen möchte.

Jede Seele erlebt die Liebe im individuellen emotionalen Zustand. Ausschlaggebend dafür ist die vorangegangene seelische Entwicklung. Das Erkennen und Erleben der Liebe ist ein erfüllender Zustand, welcher der Seele die weitere Zukunft offenbart. Die Seele hat jetzt ihre bisherige Struktur der letzten Inkarnation vollkommen aufgegeben und ist reine Lichtschwingung.

Die Erkenntnis in der letzten Stufe der Liebe besteht darin, dass wir nichts besitzen können und auch nichts besitzen wollen. Diese Erkenntnis schenkt der Seele ihre Freiheit zurück: Sie ist sich selbst genug.

Wenn wir dieser Erkenntnis bereits im Hier und Jetzt auf Erden nachgehen, so kann in uns die Liebe wachsen und die Erkenntnis darüber erwachen, dass wir niemandem gefallen müssen und dass auch uns niemand gefallen muss. Dieser Zustand macht uns frei und unser Leben erfüllter.

In dieser siebten Stufe, in der Dimension der Liebe, kann und wird sich die Seele entscheiden, ob sie für ihre weitere Entwicklung lieber ein neues Erdenleben nutzt oder ob sie sich entscheidet, als erlöste Seele, welche keine Identifizierung mehr mit dem Menschsein hat, in den Himmelssphären zu verbleiben. So kann sie zum Beispiel erkennen, dass durch das letzte Leben zwar neue Erkenntnisse entstanden sind (denn diese kommen in jeder Inkarnation hinzu), dass aber die Weisheit und vor allem die Liebesfähigkeit noch nicht so entwickelt werden konnte, wie sie es sich ursprünglich vorgenommen hatte. Sie ist also in der letzten irdischen Inkarnation von ihrem geplanten Lebensweg zu weit abgewichen bzw. abgedrängt worden und konnte dem eigentlichen Ziel nicht so nahe kommen, wie sie es wünschte. Man kann hier auch von einem verirrten Lebensweg sprechen. Wenn sie es möchte, hat die Seele jetzt die Chance, diesen Prozess in einer neuen Inkarnation abzuschließen. Sie wird sich in diesem Fall für ihre Weiterentwicklung wieder die Erde aussuchen, um im Miteinander, in der Resonanz mit anderen Menschen, ihre Akzeptanz und friedvolle Liebesfähigkeit weiterzuentwickeln. Wenn die Seele sich für diese Option entscheidet, so wird sie gemeinsam mit ihrem Schutzengel auf die Erde blicken und die Startbedingungen für das neue Leben und die zu meisternden Aufgaben, also den neuen Lebensweg festlegen. Sie wird sich dann die passende Kultur, die Eltern und das passende Umfeld für ihr erneutes Vorhaben aussuchen und schließlich erneut inkarnieren.

Die Seele kann sich aber auch als so lichtvoll und liebevoll wahrnehmen, dass sie sich in der resonanzlosen Harmonie des Himmels zu Hause und wohl fühlt. Sie wird dann in den Himmelssphären verweilen und kann sich vollkommen neutral und ohne Resonanz in einer Art meditativem Zustand erleben, alle bisher gemachten Erfahrungen der vorangegangenen Erdenleben vergleichen und verarbeiten und die daraus entstandene Weisheit und tiefe Liebe zu sich und Gottes Schöpfung erkennen. In diesem losgelösten Zustand kann sie alles beobachten und erkennen, das Davor und das Danach, es gibt dort keine Zeit, alles spielt sich gleichzeitig ab. Sie

beobachtet das Verhalten der Menschen auf der Erde, ihre Resonanz, ihren Besitzwillen, ihren gegenseitigen Neid, ihren Machthunger, ihre Intrigen, ihre Gier, aber auch ihr friedvolles Miteinander, ihre Nächstenliebe, ihre Hilfsbereitschaft und ihr großes, lichtvolles Liebespotenzial. Sie beobachtet gleichzeitig das Verhalten der Engel, welche geduldig, vollkommen bewertungslos, nur auf das Gute resonierend, in vollkommener Liebe und Hingabe ihren Dienst tun.
Sie entwickelt sich durch dieses Beobachten und Vergleichen selbst weiter und kann dadurch immer noch mehr Licht und Liebe in sich erleben, um sich dann, wenn sie sich ausschließlich als reines Licht ohne jegliche Bewertung empfindet, ins Paradies zu begeben.

Wenn die Seele sich ausschließlich in reiner Liebe befindet, wenn sie vollkommen aus der Resonanz mit den irdischen Belangen hinausgetreten ist und zum vollkommenen harmonischen Individuum geworden ist, hat sie ganz und gar erkannt, dass sie in Wirklichkeit im Außen nichts besitzt und nichts besitzen will und nie jemals jemanden oder etwas wirklich besessen hat. Dann besitzt sie die paradiesische Reinheit und schwingt selbst so hoch wie die Frequenz des Lichtes im Paradies. Sie wird sich davon gelenkt und angezogen fühlen und dort, am Erzengel Uriel vorbei, ins Paradies eintreten. Der Eintritt geschieht nicht dadurch, dass der Erzengel Uriel die Seelen betrachtet und gnädig die eine ins Paradies lässt und die andere als unrein oder gar sündig abweist. Es ist vielmehr so, dass die Seele selbst aus ihrer eigenen emotionalen Schwingung heraus mit den Frequenzen der himmlischen Möglichkeiten in Resonanz geht und sich von der Dimension angezogen fühlt, welche ihrer eigenen Schwingung entspricht. Wenn eine ganz lichtvolle, liebevolle und weise Seele, losgelöst aus jeglicher Resonanz des Egos, im Himmel ankommt, dann kann sie sich vom Paradies angezogen fühlen und eintreten. Dies ist in etwa vergleichbar mit einem Menschen, welcher ganz in der klassischen Musik aufgeht und sich dort zu Hause fühlt. Wenn der an einer Diskothek vorbeikommt, wo Hardrock erklingt, wird er sich davon vermutlich nicht angezogen fühlen, damit also nicht in Resonanz gehen. Ebenso wird vielleicht im umgekehrten Sinne der reine Rockfan sich nicht unbedingt zur Klassik hingezogen fühlen. So findet jede Seele ihren Himmel, in dem sie sich zu Hause fühlt.

In esoterischen Kreisen wird auch oftmals von einer »Goldenen Stadt« berichtet, zu der die Seelen aufsteigen. Bei dieser »Goldenen Stadt« handelt es sich in Wirklichkeit um eine fiktive Wahrnehmung während einer Nahtodphase oder auch in einer meditativen Versenkung. Diese »Goldene Stadt« ist in den geistigen Welten nicht wirklich existent, sondern es handelt sich dabei um eine Botschaft aus der geistigen Welt, welche, wie alle geistigen Botschaften, in der Bildersprache übermittelt wird. Gold ist die Farbe Gottes. Die Stadt steht für Lebensaufbau und irdisches Dasein. Wenn also einem Menschen aus der geistigen Welt eine »Goldene Stadt« gezeigt wird, so lautet die Botschaft: »Gottes Licht fordert dich auf, dem göttlichen Plan zu folgen und dein irdisches Dasein anzunehmen.«

Während des gesamten Aufstiegs durch die oberen Astralwelten begleitet auch der Erzengel Michael die Seele und »verbrennt« unaufdringlich und heilend die Energie des emotionalen Schmerzes, welche die Seele abgibt. Aus dem Verbrennen der grobstofflichen Energie des Schmerzes entsteht heilendes, helles, höher schwingendes Licht der Hoffnung, das die Seele im Jenseits mit Licht und Leichtigkeit berührt. Dieses lichtvolle und heilende Wirken des Erzengels Michael ist der Ursprung dessen, was als das **Fegefeuer** bezeichnet wird. Es ist ein wichtiges Merkmal der gesamten lichtvollen Entwicklung, die innerhalb aller Astralwelten stattfindet. Doch die Menschen haben aus diesem befreienden Prozess etwas anderes, weniger Lichtvolles gemacht. Die negative Betrachtung des Fegefeuers stammt aus dem Mittelalter. Papst Benedikt XII. (1285–1342) beschrieb damit einen Raum, in den die Seele der Verstorbenen, die nicht allzu schwer gesündigt hatten, zur Läuterung kommen sollten. In Wirklichkeit ist das Fegefeuer die Kraft des Erzengels Michael, welche die »Schwere« verbrennt, um der Seele nach und nach den lichtvollen Aufstieg zu ermöglichen.

Jede Seele kommt irgendwann ins Jenseits, und jede Seele gelangt irgendwann in die hohen Himmelssphären. Nur das »Wie«, die Wege und die Zeit sind sehr unterschiedlich.

Beispiel eines Übergangs

Ich beschreibe hier zum besseren Verständnis einen dreimonatigen, lichtvollen Sterbeprozess, bei dessen Begleitung ich selbst zugegen war, um einen anschaulicheren Einblick in den Übergang zum Jenseits und in die geistigen Welten zu geben. Möge dieses Beispiel Ihren Glauben und Ihr Wissen stärken. Marlies wurde einundneunzig Jahre alt. Sie war zeitlebens recht vital und mit einer guten Konstitution ausgestattet gewesen. Sie lebte alleine und versorgte ihren Haushalt noch selbst. Als sie einundneunzig Jahre alt war, stellte der Hausarzt bei ihr eine Herzinsuffizienz fest und überwies sie ins Krankenhaus. Dort stellte man sie mit den entsprechenden Medikamenten ein und entließ sie in die Obhut ihrer Familie – mit dem Hinweis, dass sie sich nicht mehr vollständig erholen werde und ab jetzt ständiger Pflege bedürfte.
Sie hatte zwei Söhne, wobei sie zu dem älteren kein sehr gutes

Verhältnis hatte, aber zu dem jüngeren und dessen Familie eine innige Beziehung pflegte. Der jüngere Sohn nahm sie in seiner Familie auf, wo sie noch ein Vierteljahr bis zu ihrem Ableben verbrachte.

Von diesem Zeitpunkt an begann das Ableben nach einem ähnlichen Schema, wie es von Sterbeforschern, wie z. B. Elisabeth Kübler-Ross, beschrieben wird. Marlies wurde zusehends schwächer, konnte nach vier Wochen nicht mehr gehen und wurde bettlägerig. Ihre ganze Familie kümmerte sich rührend um sie und ging sehr liebevoll mit ihr um.

Der Geist verließ sie etwa fünf Wochen vor ihrem Lebensende. Dabei stieg die weiß-silberne Energie des Geistesleibes langsam, nach und nach, innerhalb eines Tages nach oben, um in der Akasha-Chronik bisherige Lebenserfahrungen und das Wissen dieses Menschen zu speichern und dort bis zu einer neuen Inkarnation zu verweilen. Der Geist des Menschen ist eine energetische Hülle, welche den menschlichen Körper während der Inkarnation umgibt und ihm die Möglichkeit bietet, über sein Überbewusstsein Kontakt zur Akasha-Chronik aufrechtzuerhalten und durch Klarheit der Gedanken über das universelle Wissen zu verfügen, durch welches Erkenntnisse und Inspirationen in ihn hineinströmen.

Nun war im Körper von Marlies nur ihre Seele geblieben, also ihre tatsächlichen, wahren Emotionen, die durch die nun abwesende rationale Beurteilungskraft des Geistes völlig unverfälscht und offen waren. Die Seele ist eine durchsichtige Hülle in strahlend gelblichem Licht, welche die Emotionen in sich trägt und die dauerhafte Entwicklung der inneren Werte ermöglicht.

Von nun an erzählte Margit immer wieder einmal von »Ausflügen«, die sie soeben gemacht hatte, an Orte, die sie aus der Vergangenheit kannte und liebte. Sie berichtete auch von Menschen, die sich in ihrem Zimmer befänden, und fragte, wer diese Menschen seien. Ich war in den letzten Wochen

ihres Lebens oft zugegen und konnte sehen, dass es sich bei diesen Menschen um Verstorbene handelte, die den Weg ins Licht, in die oberen Astralwelten noch nicht gefunden hatten. Diese Verstorbenen hatte sie angezogen, weil sie bereits in diese Welten schaute und ihren Körper zeitweise verließ.
Sie wirkte in der ganzen Zeit mit ihrem Schicksal recht zufrieden, zeitweise geradezu glücklich. Es wurde ihr vieles über das Jenseits erzählt, um sie dazu zu bringen, sich an der Schwelle vertrauensvoll dem Licht hinzugeben.
Eines Tages, ungefähr zwei Wochen vor Eintritt des Todes, sammelten sich ihre Seelenanteile zu einem großen Licht, was sie in eine geradezu überschwengliche Euphorie stürzte. Sie lächelte den ganzen Tag über glücklich und wirkte wie losgelöst.
Am Tag vor ihrem Tod besuchte ich sie und saß neben ihr am Bett. Ich konnte sehen, dass ihre Seele den Körper schon weit verlassen hatte. Sie war zu diesem Zeitpunkt kaum mehr ansprechbar, und ich sah ihre Seele in Form einer Lichtgestalt neben ihrem Körper stehen. Zu ihren Füßen war eine Art fester Boden, ein dunkler Untergrund, der das irdische Leben repräsentierte. Dahinter war ein reines weißes Licht zu sehen, das wie durch eine Linie vom dunklen Boden getrennt war. Dort hielt sich ihr Schutzengel auf und wartete auf sie.
Über die Seelenebene nahm ich gedanklich Kontakt mit ihr auf und ermutigte sie, den Schritt über die Schwelle, auf ihren Schutzengel zu, zu gehen. Sie antwortete mir, es ginge ja nicht, da sie keine Beine spüre und Angst habe zu fallen. Ich erklärte ihr, dass sie mit Vertrauen hinüberschweben solle. Sie würde dort aufgefangen und befinde sich dann bei Gott in den lichtvollen Welten. Ihr Schutzengel signalisierte mir, sie müsse sich noch daran gewöhnen und werde sich bald zu dem Schritt entschließen können.
Als schließlich der Tod eintrat, traf ich wenige Minuten

später ein. Die Familie war um das Bett versammelt, und ich konnte ihre Seele, vom Schutzengel eingehüllt, im Zimmer sehen. Sie bedankte sich mit meiner Hilfe bei ihrer Familie, dass sie sich alle so rührend um sie gekümmert hatten, und sagte, sie würde ihren Weg sehen und wisse, wohin sie gehe. Dann verabschiedete sie sich und ging mit dem Schutzengel in die lichten Welten.

Die Hinterbliebenen feierten ein Verabschiedungsritual in der freien Natur. Sie verabschiedeten sich liebevoll, bedankten sich, dass sie im Leben bei ihnen gewesen war, und segneten die Seele und ihren Weg ins Licht.

Zu Lebzeiten hatte sich Marlies gewünscht, nach ihrem Ableben eingeäschert zu werden. Diesem Wunsch kamen die Hinterbliebenen nach. Die Urne wurde anonym beigesetzt, damit wehmütige und melancholische Verbindungen nicht gefördert werden. Die Seele erhält somit die Möglichkeit, sich frei ins Licht zu begeben und nicht durch die schwere, melancholische Trauer der Hinterbliebenen auf der Erde festgehalten zu werden.

Als ihre Söhne sich über die Hinterlassenschaft unterhielten, war ich zugegen und konnte sehen, dass auch ihre Seele da war und nachdenklich ihren ältesten Sohn beobachtete. Dieser letzte Besuch auf der Erde sollte dazu dienen, zu verstehen, warum sich zeitlebens nie ein herzliches Verhältnis zwischen ihnen aufgebaut hatte. Die Erkenntnis aus dieser letzten Anwesenheit hat ihr geholfen, ihn und die ganze Situation mit anderen Augen zu betrachten. Dies war bereits die erste Form der Lebensrückschau.

Ich konnte dann sehen, dass sie von ihrem Schutzengel in die oberen Astralwelten begleitet wurde. Sie begab sich dort für ungefähr fünf Wochen in den Heilschlaf, um sich von ihrer durchgemachten Krankheit zu erholen. Anschließend durchlief sie relativ schnell die oberen Astralräume. Ich staunte allerdings nicht schlecht, als ich sie ein halbes Jahr später mit ihrem Schutzengel in Richtung Erde blicken sah, während sie bereits dabei war, sich ein neues Erdenleben auszusuchen. Ein solcher Vorgang geschieht folgendermaßen: Der Schutzengel zeigt der Seele mehrere Inkarnationsmöglichkeiten auf der Erde auf. Die Seele, welche sich außerhalb von Zeit und Raum befindet, kann das zukünftige Leben und die notwendigen Schritte innerhalb dieses Lebens erkennen und wählt danach aus.

Kurze Zeit später konnte ich die Seele von Marlies in den geistigen Welten nicht mehr wahrnehmen. Ihr Lebenslicht befand sich wieder auf der Erde. Sie war wieder inkarniert und wird sich an ihr letztes Leben nicht mehr erinnern, obwohl zwischen dem Tod und der Wiedergeburt nur eine kurze Zeitspanne lag. Ich wünsche ihr in diesem neuen Leben alles Gute, viel Liebe und viele Erkenntnisse!

Kinderseelen

Kinder stellen beim Schritt über die Schwelle einen Sonderfall dar, da ihre Seelen nach dem letzten Leben die sieben oberen Astralwelten in der lichtvollen Welt durchlaufen haben. Sie sind als geläuterte Seelen auf der Erde angekommen und haben in diesem Leben noch keine negativen Emotionen verursacht. So sind sie noch »reine Seelen«. Bis zum Alter von acht Jahren können Kinder auch noch ihren Schutzengel wahrnehmen, auch wenn sie ihn meist auf Nachfrage nicht intellektuell beschreiben können.

Wenn ein Kind stirbt, so wird es sich in den geistigen Welten relativ schnell zurechtfinden können und sofort in die hohen Dimensionen aufsteigen. Ich habe des Öfteren erleben können, dass Kinder nach ihrem Tod innerhalb nur eines Tages zu lichtvollen Engeln wurden.

Hier ein Beispiel, um dies zu veranschaulichen: Eine alleinerziehende Freundin verlor ihr einziges Kind. Es starb, wie von den Medizinern vorausgesagt, mit fünf Jahren an einer erblichen Krankheit. Sie litt sehr stark unter dem Verlust. Aber nach vier Jahren spürte sie, dass es sich noch in ihrer Nähe befand, weil sie es emotional festhielt. Sie begriff, dass es nun an der Zeit war, es loszulassen.

Sie bedankte sich bei ihrem verstorbenen Kind, verabschiedete sich von ihm und sprach: »Schau nun nach oben ins Licht und folge deinem Schutzengel.«

Ihr Kind war während der gesamten vier Jahre seit seinem Tod bei der Mutter geblieben, um ihr tröstend beizustehen. Nachdem sie es verabschiedet hatte, konnte ich sehen, wie die Seele ohne Umschweife direkt ins Paradies einzog.

Ist der Todeszeitpunkt vorherbestimmt?

Viele Menschen sind der Meinung, dass mit der Geburt auch schon das Ende des Lebens, also der Zeitpunkt des Todes, feststehe und dass alles im Leben in einer gewissen Weise schicksalhaft vorbestimmt sei. Dem ist aber nicht so. Das größte Geschenk, das Gott dem Menschen macht, ist der freie Wille. Damit bestimmt der Mensch, wenn auch meist unbewusst, selbst sein Leben, sein Tun und sein Handeln. Wäre alles vorherbestimmt, dann wäre das eigene Handeln und somit der freie Wille eingeschränkt und der Mensch wäre mehr oder weniger eine Art Marionette.

Würde der Todeszeitpunkt also bereits bei der Geburt feststehen, so wäre dies ebenfalls eine starke Einschränkung des freien Willens. Aber der freie Wille spielt, wenn auch kaum spürbar, im Unterbewusstsein meist eine große Rolle, was den Zeitpunkt des Ablebens auf dieser Erde betrifft. Der Mensch inkarniert auf der Erde, um hier für dieses Leben geplante Erfahrungen zu machen. Diese Erfahrungen dienen dem Zweck der lichtvollen seelischen Weiterentwicklung hin zur befreienden All-Liebe. Da bereits vor der Geburt das sogenannte dritte Auge durch den Schleier des Vergessens verschlossen wurde, ist der Mensch selbst nicht in der Lage, sich an das aus dem Jenseits mitgebrachte Ziel dieser Inkarnation zu erinnern. Er kann sich jedoch aus der geistigen Welt seine Kultur und seine Familie aussuchen, woraus sich dann die Schicksalskräfte entwickeln und wirken. Weitere prägenden Faktoren sind Erziehung, Umfeld, Schule, eventuell Umzüge, Schocks, Liebesbeziehungen, Beruf usw. Über das auf Erden bestehende Resonanzprinzip werden nun Dinge, Menschen, Erfahrungen, Glück oder Unglück, Offenheit oder Verschlossenheit, Vertrauen oder Misstrauen, Gesundheit oder Krankheit, Freude oder Leid, Liebe oder Angst, Erfolg oder Misserfolg und vieles mehr angezogen oder abgestoßen, jeweils nach dem entsprechenden Wirkprinzip der eigenen unbewusst ablaufenden Verhaltensmuster.

Es ist nur selten der Fall, dass die für dieses Erdenleben geplanten Entwicklungsschritte dann auch alle innerhalb dieses einen Lebens erreicht werden. Es ist sogar sehr häufig der Fall, dass für einen einzigen Entwicklungsschritt mehrere Inkarnationen notwendig sind. Solange innerhalb dieses Lebens noch Erfahrungen gesammelt werden können, die der Entwicklung dienlich sind, so lange hält der Mensch sich an seinen Lebensweg, auch wenn er etwas von ihm abgewichen ist. Solange dies der Fall ist, so lange ist dieses Leben in dieser Inkarnation für die Seele noch richtig und wichtig. Im Laufe seines Lebens wird es sich immer mehr zeigen, wie weit der Mensch noch authentisch seinem geplanten Lebensweg folgen kann und wie weit ihn der Intellekt, die Versuchungen und die durchgemachten Krisen vom ursprünglichen Weg abbringen. Hieraus resultieren die Schicksalskräfte, welche das Leben und dessen Ablauf mehr und mehr bestimmen. Ich appelliere deshalb an jeden Menschen, mit Achtsamkeit und Liebe dem inneren Ruf des Herzens zu folgen. Der Mensch wird in den meisten Fällen so lange auf dieser Erde in seinem Körper verbleiben, wie sein Aufenthalt der Seelenentwicklung dient.

Die Lebenszeit auf der Erde ist selbstverständlich in erster Linie durch den natürlichen Alterungsprozess begrenzt, und nicht jede Krankheit, Hungersnot und nicht jeder Unfall ist vom Schicksal abhängig. In unserer schnelllebigen Zeit müssen wir auch zufällige, nicht vorhersehbare Ereignisse akzeptieren.

Ich denke hier an ein sechzehnjähriges, lebensfrohes und musikalisch sehr begabtes Mädchen. Bei ihr passierte es, dass sie nach dem Musikunterricht mit dem Fahrrad nach Hause fuhr und ihr ein unaufmerksamer Autofahrer entgegenkam, was zu einer Kollision mit Todesfolge führte.

Sie hatte zunächst gar nicht gemerkt, dass sie verstorben war, und wunderte sich, warum ihre Angehörigen und ihre Freunde um sie trauerten. Als ich mit ihrer Seele Kontakt aufnahm und ihr ihr Schicksal schilderte, reagierte sie zunächst sehr aufgebracht und wütend. Sie sagte mir, sie wolle nicht tot sein, sondern nach Hause zu ihrer Familie.

Sie war von vielen Engeln umgeben. Von ihnen ging eine aufmunternde, heilige und liebevolle Schwingung aus. Sie stellten sich in einer einhüllenden Formation auf und ließen sie nun durch mich wissen, dass die Engel ihre Familie in der geistigen Welt seien und dass sie, wenn sie dies wünsche, trotzdem in energetischem Kontakt mit ihrer irdischen Familie bleiben könne.

Schließlich konnte sie sich mit dieser neuen Situation abfinden, sie akzeptieren und sich auf ihren Schutzengel einlassen. Sie stieg mit ihm in die höheren Dimensionen auf. Da sie ein junger, liebe- und lichtvoller Mensch war, in einer liebevollen Familie aufgewachsen war und in ihrem kurzen Erdenleben noch keine größeren emotionalen Irritationen hatte bewältigen müssen, durchlief ihre Seele die sieben oberen Astralwelten in einem sehr schnellen Durchgang (innerhalb eines einzigen Tages) und war somit ganz schnell in den lichten Engelwelten angekommen. Ich nehme sie heute in den hohen lichten Sphären emotional ganz frei wahr. Sie wirkt als ein zusätzlicher Engel bei ihrer irdischen Familie und bleibt auf diese Weise mit ihr verbunden.

Ich denke hier aber auch an das Schicksal von Irene, die mit ihrem Leben nicht zurechtkam und, um der Situation zu entfliehen, durch ihre Gedanken und Geisteskräfte eine Krankheit angezogen hatte. Irene war an Bauchspeicheldrüsenkrebs erkrankt und berichtete mir, dass sie diesen Krebs akzeptiere, sich darüber sogar freue und davon überzeugt sei, dass sie ihn durch ihr Gedankengut selbst angezogen habe, um auf diese Weise aus dem irdischen Leben auszuscheren. Für einen Suizid habe sie nicht genügend Mut und es gelinge ihr auch nicht, das Leben alleine zu meistern.

Sie kam eines Tages in die Praxis, in der ich seinerzeit beschäftigt war. Sie wirkte sehr sensibel, machte aber äußerlich einen starken und bestimmenden Eindruck und erzählte recht emotionslos von ihrer Erkrankung. Sie bat um Hilfe für das emotionale Loslassen ihrer Blockaden, weigerte sich aber, den Pankreaskrebs behandeln zu lassen, und zwar mit einer interessanten Begründung: Sie sagte, sie habe einen ausgesprochen dominanten Ehemann, gegen den sie sich nicht durchsetzen könne, von dem sie aber in einer gewissen Weise abhängig sei, ohne ihn noch zu lieben. Um ihn zu verlassen und alleine zu leben, fehle ihr der Mut. So wolle sie den Tod, welcher durch den Krebs nun in absehbarer Zeit eintreten werde, dazu nutzen, sich aus der Beziehung und dem Leben zu verabschieden. Ihre vorherrschende innere Haltung war: »Ich bin ein Opfer, keiner liebt mich.«

Nach ungefähr eineinhalb Jahren ging ihr Wunsch in Erfüllung, und sie verstarb. Nach ihrem Tod weiß sie zwar, dass sie nicht mehr lebt, denn mit dem Sterben hat sie sich ja lange genug auseinandergesetzt. Sie hat sich auf das Jenseits eingelassen, und der Schutzengel hat sie zu den oberen Astralwelten geführt. Doch anstatt sich zu entwickeln, verhält sie sich dort so wie zu Lebzeiten, ganz in sich gekehrt und verschlossen in der gleichen emotionalen Opferrolle wie früher: »Keiner kümmert sich um mich, keiner liebt mich.« Erst wenn sie bereit ist, diese Rolle loszulassen, kann die Lebensrückschau und ihr weiterer Aufstieg beginnen.

Dieses Schicksal zeigt, dass durch Gedanken durchaus eine schwere Erkrankung angezogen werden kann, die dann, wie in diesem Fall, zum Tode führt. Wären die Gedanken in Richtung Liebe orientiert gewesen, hätte sich sicher ein lichtvoller Ausweg aus der Situation finden lassen. Dann hätte das Weiterleben in Liebe und Freude noch weitere seelische Entwicklungen ermöglicht, und der Tod hätte zur diesem Zeitpunkt keinen Sinn ergeben. Nun ist das Leben vergangen, die eigentlichen inneren Probleme aber sind geblieben und müssen doch von ihr gelöst werden, allerdings ohne Körper, ohne Geist und ohne den Intellekt, auf rein seelischer Ebene. Dies wird sich wesentlich schwieriger gestalten als zu Lebzeiten.

Es gibt auch andere Gründe für einen verfrühten Todeszeitpunkt, welcher unterbewusst eingeleitet wird, ohne dass die Betroffenen es bewusst wissen oder steuern können.

So gibt es die tragische Geschichte eines siebzehnjährigen Jungen, der in der Schule plötzlich über Übelkeit klagte, sich hinlegte und starb. Er war ein Sonnenschein gewesen, sowohl in der Familie als auch bei Freunden und Lehrern. Überall war er beliebt und hilfsbereit. Alle waren von seinem frühen Tod schockiert und fassungslos, die Eltern in ihrer Trauer untröstlich. Der Hintergrund war, dass er ein inkarnierter Engel war, welcher auf der Erde angetreten war, in der turbulenten Zeit des Übergangs ins neue Zeitalter Licht und Liebe als Hilfe in unsere Welt zu bringen. Durch die rasante Beschleunigung der Ereignisse und Veränderungen in unserer gegenwärtigen Gesellschaft war seine Hilfe plötzlich in anderer Form und an anderen Stellen vonnöten. Um sein Vorhaben umzusetzen, musste er aus der geistigen Welt agieren. Und um dorthin zu gelangen, musste er seinen irdischen Körper aufgeben. Er ging sofort ins Licht und agiert seitdem intensiv aus den geistigen Welten. Uns Menschen kann dadurch viel Hilfe zuteilwerden.

Ein anderes Beispiel, bei dem der ungefähre Todeszeitpunkt offenbar bereits bei der Geburt feststand, ist die Geschichte eines Mädchens, das im Alter von sechzehn Jahren verstarb. Die Eltern, die aus einer sehr reichen Fabrikantenfamilie stammten, hatten ihr einziges Kind über alles geliebt und waren über den Tod ihrer Tochter vollkommen schockiert.
Hier war der Hintergrund, dass beide Elternteile über viele vergangene Inkarnationen immer wieder materiellen Reichtum ansammelten und somit in ihrer seelischen Entwicklung stagnierten. Die Beziehung dieser drei Menschen in diesem Leben war in der geistigen Welt bereits vor der Geburt aller Beteiligten untereinander abgesprochen. Um eine seelische Entwicklung der beiden Elternteile zu erreichen, mussten sie in diesem Leben einen großen emotionalen Schock erleben, um andere Werte zu erkennen. Die Seele, die später als Tochter zu ihnen kam, hatte also ihren körperlichen Tod bereits mit ihrer Geburt programmiert, um den beiden anderen Seelen durch ihre Liebe weiterzuhelfen. Als die Eltern dies später erfuhren, konnten sie akzeptieren, verstehen und dankbar Abschied nehmen.

Hinter vielen Todesfällen steckt also ein tieferer Sinn. Wir können ihn allerdings nicht immer verstehen.

Tod durch Suizid

Ein Selbstmord wird in der Regel von einem Menschen verübt, welcher Probleme hat, keinen Ausweg erkennen kann und im Freitod den letzten Ausweg sieht. Aber die Probleme verschwinden nicht mit dem Eintritt des Todes. Dies bedeutet, ein Mensch mit seelischen Problemen ist anschließend eine Seele mit genau den gleichen belastenden Emotionen. Der Unterschied besteht aber darin, dass die Seele zu Lebzeiten noch einen Körper besaß, mit welchem sie agieren konnte.

Die Seele muss diese Emotionen nun ohne Zuhilfenahme des Körpers, des Intellekts und des Geistes meistern. Zuerst muss die Situation erkannt werden, erschwerend kommt meist das Leid der Hinterbliebenen hinzu. Dies gestaltet sich nun insofern schwieriger, als die Seele die zu Lebzeiten angenommene Rolle »weiterlebt«. War es zum Beispiel die Rolle des Opfers und der Hilflosigkeit, wird dies auch die vorherrschende Emotion im Jenseits sein.

Der Aufstieg in den Himmel gestaltet sich also zunächst schwierig. Die Seele versucht meist, mit den trauernden Hinterbliebenen Kontakt aufzunehmen, diese können sie aber nicht wahrnehmen.

Wenn die Seele mit der Zeit ihren Schutzengel annehmen kann, so kann dieser ihr die Aufgaben und Möglichkeiten aufzeigen, um segensreich in ihrer Familie zu wirken. So gelangt sie langsam in die lichtvollen Sphären.

Noch beschwerlicher ist der Weg für die Seelen, welche in großer Wut durch den Freitod aus dem Leben geschieden sind. Sie bleiben oft in ihren Aggressionen stecken und verhalten sich auch weiterhin so, wenn auch ohne Körper, und leben ihre Aggression im Jenseits weiter. Dadurch gelangen diese Seelen immer weiter in die tiefsten Schichten der unteren Astralwelt. Dort können sie dann Gleichgesinnte anziehen und verbleiben in diesem Verbund so lange, bis auch sie eines Tages den inneren Kampf aufgeben können, um ins Licht aufzusteigen.

Die Hinterbliebenen können solchen Seelen hilfreich zur Seite stehen, indem sie über eine lange Zeit täglich eine Kerze anzünden und die Seele durch ein Gebet ermutigen, ins Licht zu schauen und dem geduldig wartendem Schutzengel zu folgen. Vor allem ist es wichtig, der Seele angst- und urteilsfrei mitzuteilen, dass für die Hinterbliebenen alles in Ordnung ist, dass sie ihren Weg auf der Erde weitergehen und ihren Aufgaben weiter folgen werden. Auf diese Weise kann die Seele begreifen, dass sie nun ebenfalls loslassen darf, um sich um ihren lichtvollen Aufstieg zu kümmern.

Ein solches Gebet kann folgendermaßen aussehen:

Mein(e) liebe(r) ...,

ich denke voller Liebe an dich. Nun bist du auf Erden verstorben und in den jenseitigen Welten angekommen. Verstehe, dass für deine Seele das Leben im Lichte Gottes weitergeht. Vertraue auf das Licht, lass die problembehafteten Emotionen los und erkenne, dass dir stets ein lichtvoller Ausweg gezeigt wird. Such ihn und nimm ihn an.

Alle Hinterbliebenen haben dir in reiner Liebe vergeben. So vergib auch du dir selbst alles, was bewusst wie auch unbewusst vollzogen wurde.

Du bist eine starke und lichtvolle Seele, erkenne dein wahres göttliches Licht und erstrahle in Liebe.

Gott liebt dich, und dein Schutzengel ist bei dir. Er hat dich nie verlassen und wird dir deine Seelenaufgaben und Möglichkeiten aufzeigen.

*Schau nach oben ins Licht und folge deinem Schutzengel.
Je glücklicher du im Licht bist, desto segensreicher strahlst
du in alles Vergangene und auf uns, deine Hinterbliebenen.
Folge stets den lichtvollen Sphären.*

*Kämpfe nicht, sondern trage Frieden in deinem Herzen.
Unsere Liebe begleitet dich ewiglich.*

Amen.

Sterbebegleitung

Der Mensch ist in seiner letzten Lebensphase weniger über einen intellektuellen Austausch, sondern vornehmlich über die Seelenschwingung, über ehrliche und liebevolle Emotionen erreichbar. Wichtig ist, dass der Mensch in diesem Lebensabschnitt liebevolle Zuwendung erfährt und sich über alle Maßen geliebt fühlt. Dies bedeutet für ihn eine große Hilfe, die noch vorhandenen Emotionen aus negativen Erfahrungen abzuschwächen und besser zu verarbeiten. So können viele blockierte Emotionen befreit und zurückgelassen werden.

Die begleitenden Personen sollten den wichtigen Akt der Begleitung während des Sterbens als eine große Ehre empfinden. In unserer Kultur versteht man als »letzte Ehre« die Anwesenheit beim Beerdigungszeremoniell. Diese Anwesenheit der Trauernden ist für den inzwischen verstorbenen Menschen zwar auch wichtig; ich sehe die Seelen oft beobachtend in der Nähe des Sarges bzw. der Urne stehend. Durch die Beobachtung des Zeremoniells kann der Verstorbene seine Situation erkennen und sein Ableben besser begreifen. Die wirkliche und große »letzte Ehre« sollte allerdings dem Sterbenden noch zu Lebzeiten durch die hingebungs- und verständnisvolle Begleitung zuteilwerden, wo Achtung, Verstehen, Verzeihen, Demut und Liebe die Hauptrolle spielen sollten.

Auch den begleitenden Personen kommt dieser Liebesdienst zugute. Denn auch bei ihnen können sich Blockaden lösen. Sie können diese Zeit sehr gut für ihre eigene emotionale Befreiung und Entwicklung nutzen.

Man kann sich nur noch so lange intellektuell mit dem Sterbenden unterhalten, bis ihn sein Geist verlassen hat. Er ist danach zwar immer noch ansprechbar, gibt auch Antworten, aber wirklich erreichbar ist er dann nur noch über die Seele. Man sollte ihn innerlich im Herzen tragen. Wenn man ihm begegnet, sollte dies in einer liebevollen Schwingung geschehen. Man kann ihm die Hand halten und mental ganz auf ihn eingehen, sollte ihn dabei aber nicht überfordern, ihm zuhören, seine Fragen geduldig beantworten und ihm in der Stille von Herz zu Herz das sagen, was man vielleicht zeitlebens nicht aussprechen konnte, ihm aber noch mitteilen möchte. Fordern Sie ihn immer wieder innerlich auf: »Schau nach oben ins Licht, die Engel erwarten dich und zeigen dir den Weg in den Himmel zu Gott.«

Solange es noch möglich ist, sollte man dem Menschen viel über das Jenseits und die nötige innere Einstellung und das nötige Vertrauen erzählen. So wird er auf den wichtigen Schritt über die Schwelle ins Jenseits vorbereitet und kann sich dort schneller zurechtfinden.

Während der gesamten Begleitung sollte kein Gefühl der Trauer und Trostlosigkeit im Raum stehen. Alle Beteiligten sollten begreifen, dass es sich beim Loslösen aus dieser Welt um einen lichtvollen Prozess handelt. Die betroffenen Familienangehörigen und Freunde sollten versuchen, ihre Trauer während des Sterbeprozesses möglichst zurückzuhalten, da sich sonst der Sterbende zu sehr mit dem Leid der ihn umgebenden Menschen verbindet und es dadurch schwerer hat, sich von seinem irdischen Körper und seinen Verwurzelungen zu trennen. Auch nach seinem Ableben fällt es ihm dann schwerer, sich von den irdischen Emotionen in Frieden zu lösen.

Neben einer segensreichen Sterbebegleitung helfen dem Verstorbenen nach dem Ableben Messen, Kerzenrituale, Gebete und positive Gedanken beim Zurechtfinden in den lichten

Welten und beschleunigen seinen Aufstieg. Zu starke Trauer und Sehnsucht bei Hinterbliebenen wird seinen Aufstieg dagegen eher verlangsamen.

Es gibt aber eine andere Form des Todes, wo keine Sterbebegleitung stattfinden konnte, nämlich den Spontantod. Dieser geschieht vornehmlich durch Unfälle, Infarkte, im Zusammenhang mit Krieg, Gewaltverbrechen usw. Da Seelen, die so zu Tode gekommen sind, oftmals im Schock verharren, können sie den Weg in die lichten Welten nicht sofort finden. Hier können die Hinterbliebenen für die Seelen eine große Hilfe und Unterstützung sein. Auch hier helfen die beschriebenen Rituale und innere Gebete. Diese sollten in diesen Fällen besonders häufig wiederholt werden, weil es oftmals eine gewisse Zeitspanne benötigt, bis die Seele des Verstorbenen darauf aufmerksam wird.
Die Beerdigungsform spielt für die weitere Entwicklung der Seele keine Rolle, da sie mit dem materiellen Körper nach ihrem Austritt nicht mehr verbunden ist.

Für die Pflege der Beziehung mit der Seele des verstorbenen Menschen finde ich auch die kirchlichen Feiertage sehr hilfreich und tröstend und möchte hier insbesondere Allerseelen, den Gedenktag an die Verstorbenen, hervorheben. Allerseelen wird am 2. November begangen und geht auf den Abt Odilo von Cluny zurück. Dieser Gedenktag wurde im 10. Jahrhundert in allen von Cluny abhängigen Klöstern eingeführt. Von dort aus verbreitete er sich in der gesamten katholischen Kirche. Theologisch steht er ursprünglich in enger Verbindung mit der Lehre vom Fegefeuer als Ort der Läuterung der Seelen, die durch Gebete und Rituale Hilfe von den Lebenden erhalten.
Ich möchte hier von einer wichtigen Erfahrung berichten, die mir das Wirken dieses kirchlichen Gedenktages beson-

ders deutlich aufgezeigt hat. Wenn ich einen Vortrag zum ersten Mal in einer mir noch unbekannten Gegend halte, gehe ich gern in eine örtliche Kirche. Dort beobachte ich die Schwingung des Raumes, in dem gebetet wird, die Präsenz der Engel und die Resonanz der Menschen sowie die Kraft des Erdbodens, auf dem die Kirche sich befindet. All dies sagt viel über die spirituelle Entwicklung und das Bewusstsein der Menschen dieser Gegend aus, so dass ich sie besser verstehen und mich mit ihnen besser verbinden kann. Diese Wahrnehmung lasse ich dann in den Vortrag einfließen, was dazu führt, dass die spirituellen Inhalte den Menschen leichter begreiflich werden.

So war es auch bei einem Kongress in Wien, der an Allerseelen stattfand. Am Abend vor meinem Vortrag ging ich in eine Kirche und spürte schon auf dem Weg dahin eine besondere Atmosphäre. Als ich in der Dunkelheit des Abends vor der Kirche stand, vernahm ich einen bestimmten Ton und beobachtete alles noch aufmerksamer. Ich konnte die Kraft der Gebete wahrnehmen, die an Allerseelen von Tausenden von Menschen für ihre Verstorbenen gesprochen wurden. Dieser Ton entsprach einem harmonischen, göttlichen »Ur-Ton«.

An der Kirchentür war eine große Kerze angezündet. Um diese Kerze sah ich feinstoffliche, helle Schwingungen. Beim genaueren hellsichtigen Betrachten konnte ich erkennen, dass sich viele Seelen im hellen, durchscheinenden Licht von den Gebeten der Menschen berührt fühlten und auch den Gebeten in der Kirche nachfolgten. Sie standen vor leuchtenden, brennenden Kerzen. Durch den Kerzenschein und die Energie der Gebete fühlten sie sich angezogen. Die Energie der Kerzen, die Gedanken und Gebete der Menschen ergaben einen lichtvollen Kanal in den Himmel. Die Seelen betrachteten das Licht, erhoben ihren Blick, und viele folgten dem Licht in die himmlischen Sphären. Dies waren alles noch in ihren schweren Emotionen unerlöste, erdgebundene Seelen, die durch dieses Ritual nun aufmerksam wurden und aus ihrer betrübten Emotion herauskamen, ins Licht schauen und sich auf die himmlischen Sphären einlassen konnten. Für die Orientierung einer Seele im Jenseits ist es immer hilfreich, wenn die Hinterbliebenen sich zu gemeinsamen Gedenk- und Kerzenritualen zusammenfinden.

Trauerverarbeitung

Obwohl jeder Mensch weiß, dass das Leben auf der Erde endlich ist, werden Tod und Sterben in unserer Kultur weitgehend aus unserem Bewusstsein ausgeblendet. Wir umgehen dieses Thema, solange es geht, bis wir schließlich, dann oft völlig unvorbereitet, damit konfrontiert werden. Trifft uns der Verlust eines nahestehenden Menschen, so ist es auch notwendig, der Trauer um den Verlust den gebührenden Platz zu geben. Eine Trauerverarbeitung ist wichtig und kann oft Jahre dauern. Trauer ist eine normale Reaktion der Seele und braucht ihren Raum und ihre Zeit.

Auch wenn die Trauer normal ist, so fühlen sich die Trauernden oft nicht mehr normal. Es wurde ihnen der Boden unter den Füßen weggezogen, und sie fühlen sich in ihrem Leid von anderen missverstanden. Einsam ziehen sie sich in sich selbst zurück. Oft wissen dann auch die umstehenden Menschen aus der eigenen Unsicherheit und Angst heraus nicht, wie sie mit einem Trauernden umgehen sollen. Oft ist es das Hilfreichste, einfach nur da zu sein und bei Bedarf zuzuhören. Der Trostspendende soll dem Trauernden wieder Kraft und Mut geben, ihn wieder aufrichten. Dazu ist es aber nötig, dass er selbst in seiner Kraft ist, um dem Trauernden Stärke und Zuversicht vorzuleben, damit dieser wieder Hoffnung schöpft. Worte können in solchen Phasen den Empfänger oft nicht erreichen. Der Tröstende muss fest mit der Erde verwurzelt sein und eine gesunde Abgrenzung zum Trauernden haben, sonst entzieht ihm dessen Trauer selbst den Boden unter den Füßen. Wer tröstet, muss dem Leben, Gott und der Schöpfung vertrauen.

Verena Kast hat in Anlehnung an die Arbeiten von John Bowlby, Colin Murray Parkes und Elisabeth Kübler-Ross den Trauerprozess in vier Phasen eingeteilt.

Erste Phase: Nicht-wahrhaben-Wollen

Der Verlust wird verleugnet, der oder die Trauernde fühlt sich empfindungslos und ist oft starr vor Entsetzen: »Es darf nicht wahr sein, ich werde erwachen, das ist nur ein böser Traum!« Die erste Phase ist meist kurz, sie dauert ein paar Tage bis wenige Wochen.

Zweite Phase: Aufbrechende Emotionen

In der zweiten Phase werden Trauer, Wut, Freude, Zorn, Angstgefühle und Ruhelosigkeit in einer wilden Mischung erlebt, oft auch mit Schlafstörungen verbunden. Eventuell setzt die Suche nach einem oder mehreren »Schuldigen« ein. Der konkrete Verlauf der Phase hängt stark davon ab, wie die Beziehung zwischen den Hinterbliebenen und dem Verstorbenen war, ob zum Beispiel Probleme noch besprochen werden konnten oder ob viel offengeblieben ist. Starke Schuldgefühle im Zusammenhang mit den Beziehungserfahrungen können bewirken, dass man auf dieser Stufe stehen bleibt. Das Erleben und Zulassen aggressiver Gefühle hilft dem Trauernden dabei, nicht in Depression zu versinken. Weil in unserer Gesellschaft Selbstbeherrschung ein hoher Wert ist und abhängig von familiären und gesellschaftlichen Prägungen sogar die Tendenz bestehen kann, Trauer ganz zu verdrängen, bestehen oft große Schwierigkeiten, diese Phase zu bewältigen. Indem die adäquaten Emotionen tatsächlich erlebt und zugelassen werden, kann die nächste Trauerphase erreicht werden.

Dritte Phase: Suchen, finden, sich trennen

In der dritten Trauerphase wird der Verlorene unbewusst oder bewusst »gesucht« – meistens, wo er im gemeinsamen Leben anzutreffen war. Mit der Wirklichkeit konfrontiert, muss der oder die Trauernde immer wieder lernen, dass sich die Verbindung drastisch verändert hat. Der Verlorene wird bestenfalls zu einem »inneren Begleiter«, mit dem man durch inneren Dialog eine Beziehung entwickeln kann. Im schlechteren Fall lebt der Trauernde eine Art Pseudoleben mit dem Verlorenen: Nichts darf sich ändern, der Trauernde entfremdet sich dem Leben und den Lebenden. Wenn der Verstorbene aber zu einer inneren Person wird, die sich weiterentwickeln und verändern kann, wird die nächste Phase der Trauerarbeit erreicht. Als besonders hilfreich erweist es sich, wenn in dieser Phase des Suchens, Findens und Sich-Trennens auch noch ungelöste Probleme mit der verlorenen Person aufgearbeitet werden können. Bisweilen kommt es in dieser Phase auch zu Wutausbrüchen.

Vierte Phase: Neuer Selbst- und Weltbezug

In der vierten Phase ist der Verlust so weit akzeptiert, dass der verlorene Mensch zu einer inneren Figur geworden ist. Lebensmöglichkeiten, die durch die Beziehung erreicht wurden und die zuvor nur innerhalb der Beziehung möglich gewesen sind, können nun zum Teil zu eigenen Möglichkeiten werden.

Unsere Trauer hat ein Ziel: Wir müssen akzeptieren, dass der Mensch, den wir lieben, tot ist und nicht mehr zurückkehrt. Wir müssen auch akzeptieren, dass wir diesen Menschen zumindest in diesem Leben nicht mehr sehen werden. Aber wir können erspüren, wie es ihm im Jenseits geht. Wir können begreifen, dass er als Seele weiterlebt, in einer anderen Dimension, mit anderen Aufgaben. Wir können auf der Herzensebene noch Kontakt mit dem Verstorbenen halten, um ihn dann beim Aufstieg ins Licht, in den Himmel, mit unserer Liebe und unseren Gebeten zu begleiten. Es ist für beide Seiten hilfreich, wenn die Hinterbliebenen akzeptieren können, dass sie in Wirklichkeit nicht den Verstorbenen, sondern sich selbst und ihren Verlust betrauern. Hierzu hilft ein tiefer Glaube und das tiefe innere Wissen um die geistigen Welten. Ein tiefes Wissen, dass alles nach einem göttlichen Plan verläuft, dass die Seele wie auch die Hinterbliebenen von Gott geliebt werden und dass es für beide Seiten lichtvoll weitergeht, nur in verschiedenen Dimensionen, ist eine große Hilfe beim Loslassen und Zurechtfinden in einem Leben ohne den geliebten Menschen, in einem veränderten Umfeld mit neuen Rollen und Aufgaben.

Gott, die lichten Helfer und vor allem die Schutzengel stehen helfend und tröstend den Trauernden bei, auch wenn diese sie in ihrem ersten großen Schmerz nicht immer spüren können. Mit der Zeit kann aber mit ihrer Hilfe immer mehr Liebe und Hoffnung entstehen, die den Hinterbliebenen hilft, ihr Leben neu zu meistern.

Angst vor Einsamkeit

Bei vielen Menschen sind die Verlustangst und die Angst vor dem Alleinsein viel ausgeprägter als die Angst vor dem eigenen Tod. Oft höre ich gerade von älteren Menschen, dass sie Angst haben, dass der Ehepartner vor ihnen stirbt und dass sie dann allein zurechtkommen müssen. Mit dieser Angst zu leben ist ebenso unerfreulich wie mit jeder anderen, denn sie verdunkelt die schönste Gegenwart und vermindert die Lebensfreude. Gerade das Hadern mit dem Leben spiegelt einen Konflikt mit Gott und seiner Schöpfung. Der Mensch sieht sich selten als ein Ganzes, sondern eher als ein abgespaltener Teil und betrachtet seinen Lebenspartner als die andere Hälfte seines Ichs. Damit wird der Partner aber zu einer Existenznotwendigkeit, und wenn man seinen Tod betrauert, dann geht es um die eigene Existenz und nicht um die Liebe zu dem Verstorbenen. Dabei sind wir durch nichts und niemanden jemals vom großen Ganzen der Schöpfung und von Gott abgetrennt.

Daher ist es wichtig, sich immer bewusst zu machen, dass jeder im Inneren selbst ein vollkommenes Ganzes ist, dass er in Gottes Liebe ist und geistige Führung empfängt. Alles, was geschieht, darf lichtvoll betrachtet werden, und die himmlische Liebe kann auch schon im Hier und Jetzt stattfinden. Lebt der Mensch in dieser Dankbarkeit und inneren Freiheit, so geht die Heilung von Trauer und Verlust schneller und leichter vonstatten.

Die vorherrschende innere Stimmung sollte immer sein: So, wie die Ereignisse auf mich zukommen, so akzeptiere ich sie und betrachte sie aus der Sicht Gottes. Alles hat seinen tiefen

Sinn. Für mich wird es immer weitergehen. Ich bin stark und habe den Mut, das Leben zu meistern. Aus der lichtvollen geistigen Welt wird mir jederzeit Hilfe und Schutz zuteil.
Leben heißt, sich den Veränderungen und der physischen Vergänglichkeit zu stellen und in allem das Licht Gottes zu erkennen. Auch wenn dies gerade im Verlustschmerz am schwersten fällt, so ist es sinnvoll, die eigene Gegenwart stets lichtvoll zu betrachten und zu gestalten.

Oftmals hadern die Menschen auch mit ihrem Leben und den dazugehörigen Veränderungen und können weder sich selbst noch Gott oder den anderen verzeihen. Menschen in einer solchen Lebenssituation empfehle ich ein Vergebungsgebet, um zur Heilung aus dem Inneren beizutragen. Sie können dieses Gebet nach ihrem Bedürfnis nutzen bzw. dreimal täglich wie ein Heilungsritual innerlich sprechen.

Ich vergebe dir, was du getan hast, bewusst und unbewusst.

Ich bitte dich, mir zu vergeben, was ich getan habe, bewusst und unbewusst.

Ich vergebe allen Menschen, was sie getan haben, bewusst und unbewusst.

Ich bitte alle Menschen, mir zu vergeben, was ich getan habe, bewusst und unbewusst.

Ich bitte alle Menschen, dir zu vergeben, was du getan hast, bewusst und unbewusst.

Ich bitte dich, allen Menschen zu vergeben, was sie getan haben, bewusst und unbewusst.

Ich bitte Gott, dir zu vergeben, was du getan hast, bewusst und unbewusst.

Ich bitte Gott, mir zu vergeben, was ich getan habe, bewusst und unbewusst.

Ich vergebe auch mir, was ich getan habe, bewusst und unbewusst.

Amen.

Im Leben geht es oft darum, dass wir lernen, das Unausweichliche zu akzeptieren, um die belastenden Emotionen loslassen zu können. Gewisse Dinge kann man im Leben nicht verändern, und damit erhebt sich eher die Frage, *wie* wir in unserem freien Willen damit umgehen wollen. Je mehr man an die Liebe in sich glaubt, je mehr man diese Liebe überall in Gottes Schöpfung erkennt, desto leichter können solche Entwicklungsprozesse werden. Ein helfendes Gebet zum Verlieren der Angst vor dem Leben, vor dem Sterben und/oder vor der akuten Situation ist das folgende Heilungsgebet. Wenn es Sie anspricht, so können Sie es ebenfalls nach Ihrem Bedürfnis nutzen bzw. dreimal täglich wie ein Heilungsritual innerlich sprechen.

Liebe, lichtvolle geistige Welt, liebe Engel,

bitte helft mir, Gottes Kraft in mir stets zu entfalten und das Leben in allen Facetten anzunehmen und zu meistern. Bitte nehmt mir alles Belastende von meinem Herzen und begleitet meinen Weg.

Bitte kümmert euch um die Angelegenheiten in meinem Leben, die ich selbst nicht beeinflussen kann, und verwandelt alles, im Diesseitigen wie Jenseitigen, in die gütige, lichtvolle und liebevolle Kraft.

In Gottes Liebe will ich leben und das Gute vorleben. Ich glaube an die Liebe, an Gottes Schöpfung und die Kraft des Geistes.

Ich stehe offen den Entwicklungsprozessen in meinem Leben gegenüber und bin lichtvoll und stark.

Amen.

Das Jüngste Gericht

Das Jüngste Gericht spielt sich ausschließlich in der menschlichen Seele selbst ab. Die Vorstellung von einem strafenden Gott oder gar einer Gerichtsbarkeit in den geistigen Welten ist eine reine Erfindung, um die Menschen in Angst und Schrecken vor einer ungewissen jenseitigen Zukunft zu halten und Macht über sie auszuüben. Auf diese Art konnte man Macht über den Menschen gewinnen und ihn emotional abhängig machen und materiell ausbeuten. Ein typisches Beispiel dafür war der Verkauf von sogenannten Ablässen im Mittelalter, womit ängstlichen und unwissenden Menschen ein Logenplatz im Himmel versprochen wurde.

Die Hölle spielt sich ebenfalls nur innerhalb der individuellen Seele ab. Schon im Tibetischen Totenbuch, dem Bardo Thödol, wird die Seele im Totenreich als erbärmlich nackt und als Opfer ihrer eigenen Illusionen beschrieben. Die Hölle ist kein physischer Raum, in dem womöglich auch noch ein Teufel das Feuer schürt. Es handelt sich in Wirklichkeit um das Verharren einer Seele in einer negativen Emotion. Ich gehe in einem späteren Kapitel noch näher darauf ein.

Beim Jüngsten Gericht handelt es sich um die Lebensrückschau der Seele und die Aufarbeitung von negativen Emotionen. Diese finden in den unteren Astralwelten statt. Wenn die Seele im Jenseits ankommt, besitzt sie keinen Körper und Intellekt mehr, mit dem sie agieren kann. Sie ist reine Seelenschwingung und muss sich, wie schon beschrieben, irgendwann auf die neue Situation und auf ihren Schutzengel einlassen, den Blick nach »oben« zum Licht erheben, um in die höheren Astralwelten aufsteigen zu können. Jede Seele

wird dieses Ziel irgendwann erreichen, aber nach unserer irdischen Zeitrechnung unter Umständen erst nach einer sehr langen Zeit.
Ich habe schon Seelen erlebt, die vor mehr als tausend Jahren verstorben waren und den Aufstieg bisher noch nicht geschafft hatten. Man kann sie auch nicht einfach erlösen, da sie nur an ihre Sicht der Dinge glauben. Ist die Seele sehr verblendet und in aggressiven Emotionen verhaftet (zum Beispiel die Seele eines grausamen Diktators), so wird sie in der tiefsten, unteren Astralebene verharren. Da es dort wegen der Erdnähe noch ein Resonanzprinzip gibt, das in höheren, lichteren Sphären immer mehr verschwindet, um schließlich ganz aufgehoben zu sein, wird diese Seele Gleichgesinnte anziehen. So wird sie unter Umständen über eine sehr lange Zeit den Aufenthaltsraum mit vielen gleichgesinnten, aggressiven Seelen teilen, welche alle nicht den Weg ins Licht finden und stattdessen ihre Aggressionen untereinander weiter ausleben. Dies ist die Hölle!
Die Schutzengel dieser kämpfenden Seelen sind trotzdem immer bei ihnen. Sie befinden sich in ihrer Nähe und locken sie immer zum Licht. Gott liebt jeden Menschen bedingungslos, und jede Seele ist bei ihm willkommen. Irgendwann werden auch diese Seelen sich läutern. Dabei unterstützt sie die Kraft des Erzengels Michael. Wie lange dies nach unserer irdischen Zeitrechnung dauert, liegt bei jeder einzelnen Seele selbst, denn im Jenseits gibt es keine Zeit. Die Kraft des Erzengels Michael ist die Kraft der Vergangenheitsbewältigung. Er verbrennt nach und nach die negativen Emotionen, so wie die Seele bereit ist, sie loszulassen. Diese reinigende Kraft, das Verbrennen der Emotionen, nennt man das Fegefeuer! Beim Fegefeuer handelt es sich also, wie schon beschrieben, ausschließlich um einen lichtvollen Prozess.
Der Erzengel Michael wird in den drei großen monotheistischen Religionen (Judentum, Christentum, Islam) als einer

der wichtigsten oder sogar *der* wichtigste Erzengel angesehen. Er hilft, die Vergangenheit zu bewältigen und loszulassen, indem der Mensch bzw. die Seele zur Ruhe kommt, Vertrauen auf die göttliche Führung erlangt und in immer deutlicherem Erleben das Aufgehobensein in Gott erfahren darf. Er hilft auch, die Angst zu überwinden bzw. loszulassen und die Seele für die Verbindung mit Gott zu öffnen.

Die Seelen werden also in den jenseitigen Welten immer in den »Aufenthaltsräumen« landen, welchen sie von ihrer Ausstrahlung her gleichen, um sich von dort aus an den weiteren Aufstieg zu machen. Dies ist das eigentliche Jüngste Gericht!

Die Astralebene und die unteren Astralwelten

Besonders nach dem Tode gilt der Satz: »Euch geschehe nach eurem Glauben.« (Matthäus 9, 29)
Je schneller der Verstorbene seine Zweifel, Ängste und Sorgen loslassen kann (am besten sollten wir alle dies bereits zu Lebzeiten erreichen) und je unerschütterlicher sein Glaube an Gott, an das Gute und an das Vorhandensein seines Schutzengels ist, desto größer ist seine Chance, im Licht aufzusteigen.
Bei der Astralebene bzw. dem Astralraum handelt es sich um eine energetische Dimension, die relativ erdnah schwingt. In dieser Ebene halten sich alle die Seelen auf, welche den Aufstieg ins Licht nicht direkt schaffen können. Sie haben nicht bemerkt, dass sie verstorben sind, und können sich somit in den geistigen Welten nicht zurechtfinden.
Das geht übrigens vielen Verstorbenen so. Das Sterben wird wie das Einschlafen wahrgenommen. Das dann folgende Erwachen geschieht dann aber in der geistigen Dimension. Dies bedeutet, es gibt dort keine Körperlichkeit, keinen Raum, in dem man sich zurechtfinden könnte, und vor allem auch keine Zeit mehr. Und dies bedeutet wiederum, dass das »Erwachen« mit einem unbekannten, ungewissen Gefühl geschieht. Da es auch keine Zeit gibt, bleibt die Seele in diesem »Aufwachzustand« verhaftet. Sie kann sich in den jenseitigen Welten nicht mehr selbst wahrnehmen. Um aufzusteigen, muss sie sich vertrauensvoll dem Schutzengel und Gott hingeben.
Die Astralebene kann vielfältig sein. Hier befinden sich zum Beispiel die Seelen, welche durch falsche dogmatische, reli-

giöse und philosophische Vorstellungen, durch atheistisches Gedankengut usw. die geistige Welt nicht sofort erkennen und sich deshalb darin nicht zurechtfinden können.

Wenn ich die Toten auf den Friedhöfen betrachte, so muss ich immer wieder mit Bestürzung feststellen, dass besonders in den monotheistischen Kulturen noch sehr viele Seelen mit ihren sterblichen Überresten schwingen bzw. verbunden sind und dort verharren. Ursächlich dafür ist der zu Lebzeiten vorherrschende Glaube an die Materie und das Unwissen bzw. falsch vermittelte Wissen über die nicht materiellen geistigen Welten. Es gibt zum Beispiel die Atheisten, die davon überzeugt sind, dass nach dem Tod alles vorbei sei; es gibt Religionsgemeinschaften, vor allem die christlichen Kirchen und Sekten, die glauben, sie müssten nach dem Tod ausharren, bis das Jüngste Gericht eingeleitet wird und Gott sie nach seinem Ebenbild wieder erschafft usw. Ich sehe diesen erstarten Zustand selbst bei Seelen, welche zu Lebzeiten hohe kirchliche Würdenträger waren, aber ihr Dogma nicht loslassen können.

Dazu passt sehr gut die Geschichte von den falschen dogmatischen Vorstellungen eines zu Lebzeiten sehr bekannten buddhistischen Meditationsmeisters, dem viele Anhänger folgten. Er ist vor einigen Jahren verstorben. Ich habe ihn wiederholt im Jenseits beobachtet und war stets darüber verwundert, wie schwer er sich dort tat, sich an den Aufstieg zu machen. In ihm lebte die in spirituellen buddhistischen Kreisen gerne vertretene Meinung, dass man im Leben die Erleuchtung erlangen solle, um so eine Wiedergeburt zu verhindern. Dazu gehört auch die Vorstellung, dass der Mensch im nächsten Leben sogar als Tier wiedergeboren werden könne. Ich habe ihn als eine immer mehr verängstigte Seele wahrnehmen müssen, da ihm mit zunehmender Deutlichkeit bewusst wurde, dass er noch nicht dem erleuchteten und gott-

ähnlichen Seelenzustand entspricht, welcher keine weitere Entwicklungserfahrung mehr benötigt. Dies und die Furcht vor einer Inkarnation als Tier versetzte ihn in eine geradezu panische Angst, die ihn selbstverständlich daran hinderte, sich einfach vertrauensvoll an den Aufstieg zu machen. Ich versuchte wiederholt vergeblich, ihn zum Weg ins Licht zu ermuntern: Er vertraute mehr auf seine dogmatischen Vorstellungen.
Im Laufe der Entstehung dieses Buches habe ich seine Seele des Öfteren in meiner näheren Umgebung wahrgenommen, und er hat die entstehenden Inhalte als Gelegenheit genutzt, seine festgefahrenen Vorstellungen zu hinterfragen und zu korrigieren. Er konnte schließlich so viel Vertrauen fassen, dass er das Jenseits ohne – vor allem negative – Erwartungen betrachten konnte. Er ist nun dabei, dem Licht zu folgen.

Des Weiteren gibt es die Spontantoten, welche zum Beispiel durch Krieg, Unfall oder Infarkt plötzlich ums Leben gekommen sind. Diese Seelen bleiben oft im Schock verhaftet und nehmen aus diesem Grund weder sich noch andere wahr. Aber all diese Seelen leiden nicht; es herrscht vielmehr eine lichtvolle Grundschwingung. Der Schutzengel ist ihnen stets nah, und nach und nach beginnen sie, die anderen anwesenden Seelen wahrzunehmen, und können dann begreifen, dass sie in einer anderen Welt gelandet sind. Über diese Erkenntnis gelingt es ihnen dann, ihr neues Umfeld und den Schutzengel wahrnehmen. Dann kann der lichtvolle Aufstieg beginnen.

Unter der Astralebene erstrecken sich die unteren Astralwelten. Die tiefste Stufe der unteren Astralwelt ist die Hölle. Dies ist der niedrigste und dunkelste Energiezustand in den jenseitigen Welten. Hier herrscht generell eine negative Grundschwingung. Wie schon beschrieben, befinden sich hier alle die Seelen, welche zu Lebzeiten Wut, Hass, Angst und Schrecken über die Menschheit verbreitet haben.

Wenn diese Menschen in ihrer Aggression sterben, so werden sie logischerweise auch in dieser Schwingung im Jenseits, im materie- und zeitlosen Sein, körperlos wieder erwachen. Sie bleiben dann, wie alle anderen Seelen, welche sich in den unteren Astralwelten aufhalten, in ihrer »Aufwachemotion« stecken. Die Seelen dieser Menschen werden sich also weiterhin genauso aggressiv und wütend gebärden, wie sie es zu Lebzeiten taten. Es fehlt ihnen aber jetzt der materielle Körper und das materielle Umfeld, um ihre Aggression ausleben zu können. Dies lässt sie immer noch wütender werden, je mehr sie bemerken, dass sie nichts mehr nach ihren Willen bewirken können.

Über das Resonanzprinzip der ähnlichen Schwingung (Gleiches zieht Gleiches an) ziehen diese Seelen Gleichgesinnte an. Dies bedeutet, dass viele dieser Seelen aggressiv gegeneinander einen Kampf führen, eventuell sogar wütend aufeinander einschlagen, obwohl sie keine Körper mehr besitzen. Und da es keine Zeit mehr gibt, bleibt dieser aggressive Zustand bestehen. Aber auch hier, in dieser dunkelsten Dimension, verlässt der Schutzengel die Seele nicht. Sobald sie irgendwann anfängt, sich zu läutern, und ihn schließlich wahrnehmen kann, umhüllt er sie mit seinen Lichtflügeln und begleitet sie zu den oberen Astralwelten. Hier kann sie dann mit ihrer Lebensrückschau beginnen und irgendwann aufsteigen und die sieben Entwicklungsstufen durchlaufen, um schließlich als geläuterte, licht- und liebevolle Seele im göttlichen Licht zu erstrahlen. Sie wird dann ihren weiteren Weg wie alle anderen Seelen gehen.

Ich möchte hier über ein erschreckendes Erlebnis berichten, aus dem deutlich wird, dass sich falsche Machtvorstellungen nach dem Tod nicht so einfach auflösen lassen. In einem christlichen Kirchenkomplex in einer Mittelmeerregion von Kroatien, in dem Reliquien aufbewahrt werden, habe ich vor einigen Jahren eine erschütternde Erfahrung gemacht.

Ich besichtigte mit meiner Familie eine alte, bekannte Kirche. In dieser Kirche fühlte ich mich so unwohl, dass ich das dringende Bedürfnis verspürte, sie so schnell wie möglich wieder zu verlassen. Ich fühlte mich wie bedrängt, und mein Blick fiel auf die Reliquien von Geistlichen, welche vor mehr als tausend Jahren verstorben waren. Ich sah mehrere dazugehörige Seelen im Raum, die auf mich aggressiv und beängstigend wirkten. Ich begriff, dass sie an ihren knöchernen Überresten anhafteten, und wollte sie ins Licht schicken. Doch sie reagierten negativ und aggressiv auf mich. Ich musste erkennen, dass diese einstigen hohen christlichen Würdenträger sich in ihren Machtverstrickungen gefangen halten. Sie haben seinerzeit bösartig ihre religiöse Macht missbraucht, und da sie nicht an die himmlischen Kräfte geglaubt haben, halten sie sich immer noch an der Materie oder, besser ausgedrückt, an der Macht der Kirche fest, obwohl sie schon so lange tot sind. Nun müssen sie ihren Erkenntnis- und Läuterungsprozess weitere Jahre, vielleicht sogar weitere Jahrhunderte oder Jahrtausende gehen, bis sie sich in Demut vor allem verbeugen und Gottes Schöpfung anerkennen, um loslassen zu können. Denn auch für sie gilt: »Dir geschehe nach deinem Glauben.«

Es gibt noch eine andere Gruppe von Seelen, welche das Licht nicht erblicken können. Es sind die Süchtigen, welche durch ihre Sucht, die viele Gesichter haben kann, oftmals schon zu Lebzeiten zu wenig Liebe zu sich selbst, zu den Mitmenschen, zu Gott und der Schöpfung finden konnten. So beschrieb George Ritchie in seinem Buch *Rückkehr von morgen* seine Erlebnisse in einer Hafenbar während seines Nahtodes. Er sah an der Theke trinkende Matrosen und um sie herum Gestalten, die ununterbrochen gierig nach den mit Alkohol gefüllten Gläsern haschten. Diese verirrten Seelen haben nicht gemerkt, dass das irdische Leben für sie längst vorbei ist. Ihr Blick ist ausschließlich auf das Objekt ihrer Sucht gerichtet, so dass sie nichts anderes, auch kein Licht, keine Liebe, keine Engel, keinen Gott und keinen Himmel wahrnehmen.

Ritchie beschreibt in diesem Zusammenhang auch noch ein anderes dramatisches Phänomen. Er konnte nämlich erleben, wie sich bei einem Matrosen, der so sehr alkoholisiert war, dass er bewusstlos zusammenbrach, die umhüllende Aura im Kopfbereich öffnete. Und genau über diesen nun ungeschützten Bereich konnten einige der süchtigen Seelengestalten in ihn hineinhuschen, ihn besetzen und somit an seinem Zustand der Sucht teilhaben. Offenbar fanden sie darin eine zweifelhafte Befriedigung.

Parallele Astralwelten

Es gibt auch noch eine andere »Lebensform« von Seelen, die nicht gemerkt haben, dass sie verstorben sind. Sie »leben« quasi in der Gemeinschaft weiter, wie sie es bisher gewohnt waren. Solche Parallelwelten entstehen, wenn ein ganzer Stamm oder eine ganze Stadt schlagartig ausgelöscht wird, zum Beispiel durch Naturkatastrophen oder Krieg. Ich beobachte dies in einer Stadt, die im Zweiten Weltkrieg innerhalb einer Stunde durch eine Bombardierung vollkommen vernichtet wurde. Ein großer Teil der Bevölkerung war tot, die anderen flüchteten aus der Stadt bzw. wurden evakuiert, da kein Lebensraum mehr vorhanden war. Da es kein lebendes Umfeld mehr gab, an dem sich die Seelen der vielen Toten hätten orientieren können, konnten sie nicht erkennen, dass sie anders sind, dass sie keinen irdischen Körper mehr besitzen und dass auch der Geist sie verlassen hat. Das Stadtleben geht für diese »Menschen« weiter wie bisher. Sie leben in ihrer eigenen Welt, nehmen diese als ihre Wahrheit an und sehen nichts anderes, weil sie gar nichts anderes erwarten.
Die Stadt wurde längst wieder aufgebaut und von Menschen neu besiedelt. Da den Seelen der Verstorbenen aber jegliche Resonanz auf die neue Stadt wie auch auf die zurückgekehrten Menschen fehlt, leben sie ihr eigenständiges »Leben« in einer Parallelwelt zum sichtbaren Lebensablauf in der Stadt. Da sie nichts um sich herum wahrnehmen, ist es auch schwierig oder eigentlich unmöglich, mit ihnen Kontakt aufzunehmen, um sie auf ihren Zustand aufmerksam zu machen, damit sie sich mit ihrem Schutzengel auf den Weg zum Himmel, ins Licht machen können. Ich habe selbst mehrmals versucht,

die eine oder andere Seele in diesem Verband anzusprechen. Aber in ihrer Geschäftigkeit nehmen sie auch mich nicht wahr. Sie leiden nicht unter ihrem Zustand, sie sind in einer Emotion wie in einer Zeitschleife »gefangen«.

Irgendwann wird eine dieser Seelen verwundert ihre Situation begreifen, zum Licht aufschauen und sich dann aufmachen, den Verband in Richtung Himmelssphären zu verlassen. Dies wird dann auch ein Aufbruchssignal für weitere Seelen sein, denen dann wiederum weitere folgen werden. Sie werden dann irgendwann, wie alle Seelen, in die oberen Astralwelten gelangen, so dass die Parallelwelt langsam erlöschen kann.

Hölle, Fegefeuer und Teufel

Die Widersachermächte werden oft als eigenständige Wesenheiten und/oder als gefallene Engel dargestellt. Der Begriff Satan bezeichnet in der hebräischen Bibel einen oder mehrere Engel und hat mehrere Bedeutungen: Ankläger im göttlichen Gerichtshof, der Sünden anklagt; Feind in Krieg und Frieden; Gegenspieler, der Widerstände in den Weg legt. Im christlichen Kulturkreis und auch in anderen Religionen wird Satan auch als Teufel, Dämon, Beelzebub, Herr der Finsternis, Verkörperung des Bösen und noch mit weiteren Namen belegt.

In der Lehre des Judentums steht Satan, wie alle Engel, unter der vollkommenen Kontrolle Gottes und ist keinesfalls ein Wesen mit freiem Willen. Der freie Wille wird hier nur dem Menschen zugeschrieben. Diese klassische normative jüdische Lehre hat bis zum heutigen Tag Gültigkeit. Ihr zufolge ist Satan keine selbständige Wesenheit, und demzufolge gibt es auch keine Verkörperung des Bösen.

Die christlichen Glaubensrichtungen akzeptieren dies so nicht, weil in der späteren Kirchengeschichte festgelegt wurde, Satan habe gegen Gott rebelliert (obwohl davon nichts in der Heiligen Schrift erwähnt ist). Die christliche Lehre sieht Satan also als eine Wesenheit mit dämonischen Kräften, die nicht unter der Kontrolle Gottes steht, sondern frei handelt, also einen freien Willen besitzt.

In der christlichen Kirche wurde der Name Satan oder Teufel auch gleichbedeutend mit dem Namen Luzifer (Morgenstern, Lichtträger) verwendet. Luzifer wird auch in der Anthroposophie von Rudolf Steiner eine bedeutende Rolle zugeordnet.

Er wird dort als eigenständige geistige Wesenheit beschrieben, die polar zu Ahriman steht, welcher dort ebenfalls als geistige Wesenheit beschrieben wird. Luzifer wird hier in Verbindung gebracht mit den Kräften des Bewegten und des Auflösenden, Ahriman mit den Kräften des Strukturierten sowie dem Verhärteten und Erstarrten.

Ich kann jedoch deutlich sehen, dass es sich weder um gefallene Engel, noch um eigenständige Wesenheiten handelt. Die Widersacherkräfte entsprechen vielmehr der Summe der negativen menschlichen Emotionen, welche in ihrer überwältigenden Zahl zu riesigen Energiefeldern zusammenwachsen und damit eine eigenständige, wesensähnliche Struktur erhalten. Diese Struktur wird von den Menschen mit ihren persönlichen Ängsten mit Energie versorgt, und die Menschen gehen aus ihrer Angst heraus damit wiederum in Resonanz.

Ich weiß, dass die meisten Menschen von vornherein so aufgewachsen und erzogen worden sind, dass sie in Schwarz und Weiß, Gut und Böse, Richtig und Falsch denken – und auch in »Gott« und »Teufel«. Der Alltag scheint ja diese Abgrenzung zu bestätigen: Es gibt Kriege, Angreifer und unschuldige Opfer, Verbrecher, Betrüger und deren Opfer usw. Manche Philosophien haben aus diesen Alltagserfahrungen einen grundsätzlichen Kampf im Kosmos konstruiert. Sie gehen davon aus, dass Gott und die lichten Kräfte ständig vom Teufel und den dunklen Kräften angegriffen werden, die immerzu nach der Vorherrschaft und einem Endsieg streben. Diese Einstellung bestimmt auch das Handeln vieler Menschen in Politik, Gesellschaft und Religion. Da wird dann ein Krieg zu einem »gerechten« Krieg gegen das Böse deklariert usw.

Was hat dies mit unserem Thema »Das Leben im Jenseits« zu tun? Sehr viel, weil leider auch wir selbst unbewusst oft meinen, wir seien Opfer der Angriffe böser Mächte, die uns ängs-

tigen, die wir glauben bekriegen und besiegen zu müssen, notfalls eben mit Hilfe der »guten« Engel.
Aber es gibt andere Erfahrungen, aus denen sich eine andere Sichtweise entwickeln kann. Ich habe in unzähligen Einblicken in die geistige Welt immer wieder festgestellt, dass es keinen einzigen Angriff von Teufeln gibt. Angriffe, Aggression, Lug und Trug, Unehrlichkeit, Verrat usw. gibt es nur unter den Menschen.
Es ist entscheidend, ob wir den Teufel als eigenständigen Gegenspieler und bösartigen Widersacher des reinen, guten, lichten Gottes ansehen oder ob wir erkennen, dass er nur die verdichtete Energie menschlicher Emotionen darstellt. Und noch entscheidender ist, ob wir erkennen können, dass Gott als »der/das Eine« keine Polarität besitzt und somit auch keinen Gegenspieler haben kann, sondern dass es sich beim Satan bzw. Teufel um die gegensätzliche Polarität, um den Gegenspieler des Guten und der Liebe handelt, der aus den negativen Emotionen der Menschen erschaffen wurde und ebenso daraus erhalten und ernährt wird. Wenn wir uns dieser zweiten Einstellung annähern, können wir sehr viel gelassener und vor allem angstfreier mit dem Thema »Widersachermächte« umgehen. Mit der Sichtweise, dass es keinen strafenden Gott und kein Gericht gibt, sondern dass ausschließlich wir selbst für unsere Entwicklung verantwortlich sind und im Resonanzprinzip das anziehen, dem wir im Geiste gleichen, können wir uns viel besser und vertrauensvoller auf Situationen und Herausforderungen einlassen und unsere eigenen schöpferischen Kräfte besser einsetzen. Wir werden sicherer in unserer eigenen inneren Verbindung zur Gotteskraft.
Meine eigene Auffassung lässt sich etwa so formulieren: Wenn ich an die Liebe, das Licht und den Schutz durch meine geistige Anbindung glaube, entwickle ich in jeder Situation einen guten und lichtvollen Weg. Wenn ich nicht an

das Gute der Schöpfung glaube, so laufe ich Gefahr, im Umgang mit mir selbst und/oder anderen zerstörerisch zu wirken. Im täglichen Leben und ganz besonders im Umgang mit dem Tod spielt unsere Vorstellung von den Widersachermächten eine große Rolle. Wenn wir die Hintergründe verstehen, können wir ihnen einen Platz zuordnen und verstehen, dass wir nicht mit Angst auf sie reagieren müssen. Dann können wir einen unvoreingenommenen, furchtlosen Umgang mit ihnen pflegen.

Der Mensch erwartet prinzipiell, dass alle irdischen wie geistigen Welten und Wesen von Gott erschaffen worden sind. Aber der Mensch als göttliches Wesen, mit freiem Willen ausgestattet, ist ebenfalls Schöpfer. Der Funke Gottes ist in jedem Menschen, und somit ist auch jeder Mensch ein Teil Gottes. Und da Gott Schöpfer ist, ist es der Mensch in gewissem Umfang auch. Er erschafft seine Gedanken und seine Gefühle, die ihre eigenen Auswirkungen haben. Wenn diese Gedanken schließlich in Millionen oder gar Milliarden von Menschen gleichermaßen entstehen und diese Gedankenenergie sich bündelt bzw. verdichtet, so kann sich daraus eine Wesenheit erschaffen. Auf diese Art und Weise entstehen aus vielen gleich geformten Gedanken Wesenheiten, die jedoch keine individuelle Identität besitzen, sondern lediglich einer globalen Schwingung entsprechen.

Es ist hier von besonderer Bedeutung, dass der Mensch die Kraft seiner Gedanken erkennt, um sich seiner Verantwortung bewusst zu werden. Gedanken können die Welt beeinflussen und verändern.

Im Kosmos selbst ist alles lichtvoll. Es herrscht ausschließlich Liebe und Verständnis. Das Böse geschieht aus der Angst des Menschen, dem Gegenpol der Liebe. Aber Polarität gibt es nur in der Materie, also auf der Erde, der »Spielwiese« der Menschen. Alles Böse, alle Kriege und Verbrechen entstehen aus dem Handeln der Menschheit. Satan, Luzifer und Ahriman sind nicht von Gott erschaffen und auch keine gefallenen Engel, da es solche Energien im Himmel nicht gibt. Der Mensch erschuf sie selbst durch die menschliche Schwingung, welche aus dem Ungleichgewicht der Kräfte der Gedanken und des Gefühls entsteht, bedingt durch das falsche Ego, welches aus dem freien Willen entstehen kann. Gott erschuf Himmel und Erde, der Mensch das Böse. So zeigt es sich schon im Alten Testament in der Geschichte von Kain und Abel: Gott erschafft die Erde und die Menschen – und dann bringt ein Bruder den anderen um.

Den Wesenheiten können folgende Eigenschaften zugeordnet werden, die im Gegensatz zum inneren Wissen und zur Weisheit der Seele stehen:
Luzifer: Emotionen, Angst, Unehrlichkeit, Eifersucht und Neid, zwanghaftes Verhalten, Beurteilungsvermögen, Bedürftigkeit, Egozentrik
Ahriman: Gedanken, Intellekt, Verurteilung, Materialismus, Oberflächlichkeit, Habgier, emotionale Leere, schwache Wertschätzung
Wenn wir aufrichtig und angstfrei sind, werden wir mit solchen Energien nichts zu tun haben, weil es keine Resonanz gibt. Achten wir also stets darauf, dass wir in allen unseren Taten, Gefühlen und Gedanken lichtvoll und liebevoll sind und uns stets des göttlichen Funkens in uns und in jedem unserer Mitmenschen bewusst sind. Denn die Lichtfülle ist ohne Schatten. Wo es Schatten gibt, dort kommt er nicht vom Licht, sondern von der Materie, die den Lichtstrahl hindert. So ist es auch mit dem liebevoll strahlenden Licht. Es kennt keinen Schatten. Der Schatten ist nur ein Abbild der menschlichen Angst.
Wo reine Liebe ist, kann es keine Angst geben. Wo keine Angst ist, gibt es auch keine Bedürftigkeit und keinen Neid.

Und wo keine Bedürftigkeit und kein Neid ist, gibt es auch keine Resonanz auf Luzifer (Satan). Wo keine Verurteilung und Habgier ist, gibt es auch keine Resonanz auf Ahriman.

Die Hölle

Der Begriff »Hölle« stammt aus der germanischen Mythologie und leitet sich aus dem Namen des Totenreichs (Hel) ab. In den christlichen Kirchen wird die Hölle im Zusammenhang mit dem Jüngsten Gericht gesehen. Dorthin, so die Lehre, gelangt der Mensch, der Böses getan, sich Sünde aufgeladen oder sich nicht entsprechend den Regeln verhalten hat, welche die Religionsgemeinschaft vorgibt. Dorthin gelangt aber auch derjenige, der sich nicht an die Glaubensinhalte der jeweiligen Religionsgemeinschaft hält.
In anderen Weltreligionen dient die Hölle auch der Läuterung, und der Aufenthalt darin gilt somit als vorübergehend. Nach der Lehre der großen christlichen Religionsgemeinschaften ist der Aufenthalt unbegrenzt. Hier wird also mit ewiger Verdammnis gedroht.
Doch wie schon erwähnt, handelt es sich bei der Hölle in Wirklichkeit um einen Zustand, in dem sich ungeläuterte Seelen gegenseitig anziehen, bis sie schließlich, durch das Fegefeuer gereinigt und geläutert, dem Licht entgegenziehen.

Nach der katholischen Kirche gab es übrigens auch noch eine »Vorhölle«, den *Limbus puerorum*. In dieser sollten die Seelen von Kindern sich aufhalten, wenn diese verstarben, bevor sie von der Kirche getauft wurden (die katholische Kirche betrachtet die Taufe als kleinen Exorzismus). Papst Benedikt XVI. erklärte die Vorstellung einer Vorhölle 2007 als nicht mehr zeitgemäß.

Verstorbene als Geister

Man hört und liest immer wieder Geschichten von Geistern, die in alten Gemäuern spuken sollen. Was hat es damit auf sich?

Es gibt viele Menschen, die ein eigenbrötlerisches Leben führen, wodurch kein oder nur geringer gedanklicher Austausch mit den Mitmenschen stattfinden kann und auch nur eine isolierte Selbstwahrnehmung möglich ist. Diese Menschen nehmen ihre Mitmenschen zwar mit den Augen wahr, eine emotionale Verbindung bzw. ein emotionaler Austausch findet jedoch nicht statt. Sie verbinden sich also weniger mit den Menschen als mit sich selbst und ihrem Besitz.

Wenn ein solcher Mensch nun stirbt und nicht wahrnehmen kann, dass er verstorben ist, dann wird er weiterhin in den irdischen Dimensionen verhaftet bleiben und auch weiterhin seinen Besitz bewohnen. Wenn nun neue Bewohner in seine Gemächer einziehen, so wird er empört und wütend darauf reagieren und sich eingeengt und bedrängt fühlen. Immer dann, wenn seine Emotionen ansteigen und sich verstärken, kommt es zu einer Verdichtung dieser emotionalen, wütenden Energie. Wenn eine Seele in diesen tiefen irdischen, materiellen Dimensionen verhaftet bleibt, so ist ihre Form noch der eines lebenden Menschen ähnlich. Diese Seele, dieser »Geist«, ist dann in der Lage, im Zustand seiner maximalen emotionalen Energieladung gegen Materie zu klopfen, was die entsprechenden hörbaren Klopfgeräusche erzeugt. Das ganze Szenario soll der Vertreibung der »Eindringlinge« dienen.

Es gibt jedoch auch Verstorbene, die ebenfalls als »Geister« noch ihre Wohnungen und Häuser bewohnen, sich aber so zurückhaltend verhalten, dass die neuen Bewohner sie nicht wahrnehmen. Es herrscht hier auch keine besitzergreifende Energie vor. Ich will Ihnen die Geschichte einer solchen zurückhaltenden Seele erzählen, die immer noch ihre frühere Mietwohnung bewohnt.

Clara war sechsundsiebzig Jahre alt und lebte sehr zurückgezogen in ihrer kleinen Stadtwohnung. Sie hatte kein Vertrauen in ihre Mitmenschen und somit auch keine wirklichen Freunde. Als sie plötzlich starb, bemerkte dies zunächst niemand. Ihre Leiche wurde erst eine Woche später entdeckt. Heute, sieben Jahre nach ihrem Tod, lebt sie immer noch in ihrer Wohnung, denn sie hat nicht gemerkt, dass sie verstorben ist.

Wir erinnern uns hier, dass es für die Verstorbenen keine weiterlaufende Zeit gibt und dass sich alles für sie im Moment und der Emotion des Ablebens abspielt, welches sie gar nicht wahrgenommen haben.

Ich kann Clara zwar wahrnehmen, ihr aber keinen Impuls geben. Da sie kein Vertrauen hat, hört sie weder auf mich noch auf jemand anderen. Der Schutzengel befindet sich bei ihr und versucht, sie ins Licht zu locken. Dadurch, dass mittlerweile andere Menschen ihre ehemaligen Zimmer bewohnen, wird sie mit der Zeit begreifen, was passiert ist, und sich dann irgendwann auf den Schutzengel und die geistigen Welten einlassen. Dann wird auch ihr Aufstieg vonstattengehen.

Besetzungen durch Verstorbene

Ein gar nicht so seltener Aufenthaltsort für Seelen, die ihren eigenen Tod nicht bemerkt haben, ist die Aura eines lebenden Menschen. Sie leben dann mit dem anderen Menschen quasi dessen Leben mit. Da für sie keine Zeit weiterläuft, dauert eine solche Besetzung in der Regel bis zum Tod des »Wirtsmenschen«. Solche Besetzungen geschehen meist aus einer Angst oder Sehnsucht heraus, jedoch immer ohne bewusste Absicht. Auch hier gilt als Ursache, dass die Seele des Verstorbenen in der Emotion steckenblieb, welche beim Übergang vorherrschend war.

Wenn zum Beispiel ein Mensch spürt, dass sein Ende naht, und er mit großer Angst auf den Tod reagiert, so kann es passieren, dass er sich an dem Menschen festhalten möchte, der sich in seinem Zimmer befindet. Wenn die Seele nun genau zu diesem Zeitpunkt den Körper verlässt, springt sie in ihrer Angst auf den anderen Menschen über, klammert sich an ihm fest und bleibt mit ihm, wie beschrieben, verhaftet. Dies nennt man dann Besetzung.

Eine solche Besetzung kann auch in einer Person geschehen, welche dem Sterbenden sehr nahesteht und nach der er sich zum Zeitpunkt des Todes von Herzen sehnt. Es ist dabei gleichgültig, wie weit diese Person zu diesem Zeitpunkt von ihm entfernt ist, denn Entfernungen spielen jenseits des Raumes, also außerhalb der Materie, überhaupt keine Rolle. Meist handelt es sich dabei um Partner oder Kinder des Verstorbenen.

Die besetzende Seele lebt mit den Emotionen des lebenden Menschen mit und besetzt ihn auch mit ihren eigenen Emo-

tionen, so dass der Mensch oftmals Gedanken verspürt, die nicht seinen eigenen entsprechen. Es können sogar körperliche Beschwerden auftreten.
Eine Besetzung findet in der Regel durch das Resonanzprinzip statt; die einzige Ausnahme ist die Besetzung im Kindesalter durch einen an sich liebevoll verbundenen Menschen. Bei Erwachsenen muss immer eine Resonanz zwischen Besetzendem und Besetztem stattfinden. Dies können zum Beispiel emotionale Abhängigkeit, Mitleid, Schuldgefühle usw. sein.

Sollte bei jemandem die Vermutung einer solchen Besetzung auftreten, so empfehle ich die folgenden Gebete:

Meine Seele ist von Gottes Liebe erfüllt.

Ich glaube an die Liebe und das Licht.

Der Heilige Geist umgibt mich, und Gott schützt mich.

Überschreite mutig die Schwelle und vertraue deinem Schutzengel, er fängt dich auf.

Auf Erden und bei mir kann dein Platz nicht sein.

Habe Mut und folge dem Licht.

Amen.

Du bist in unserer irdischen Welt verstorben.

Dein Weg geht nun in der lichten Welt weiter.

Schau nach oben zu den Engeln und folge ihnen vertrauensvoll. Sie werden dir den Weg weisen.

Amen.

Um es Ihnen leichter zu machen, mögliche Besetzungen zu erkennen, will ich hier von drei außergewöhnlichen, sehr unterschiedlichen Menschen berichten, die bereits im Kindesalter besetzt wurden.

Während des Zweiten Weltkrieges hatte ein Soldat Heimaturlaub und sah zum ersten Mal seinen neugeborenen, erst wenige Wochen alten Sohn. Er war noch ganz mit seinem Herzen bei ihm, als er wieder an die Front zurückmusste und kurz darauf fiel. Die Sehnsucht zog seine Seele unmittelbar nach Hause zu seinem Kind, in dessen Aura er fortan weiterlebte. Dies geschah – und das ist wichtig! – ohne bewusste Absicht. Da der Säugling zum Zeitpunkt der Besetzung noch keinerlei eigene Erfahrungen in seinem neuen Leben hatte machen können und dadurch auch noch keine eigene Meinungsbildung vom Leben und von Gut und Böse aufbauen konnte, ging hier die Seele eines erwachsenen Menschen mit festgeprägtem Gedankengut auf das kleine Wesen über. So konnte das Gedankengut der besetzenden Seele prägend auf den heranwachsenden Menschen wirken. Der Vater selbst war ein überzeugter Nazi, der bis zum heutigen Zeitpunkt nicht begriffen hat, dass der Krieg vorbei ist, und in seinen Emotionen immer noch Überheblichkeit und Hass schürt.
Alle Erfahrungen und Erkenntnisse, die dieser besetzte Mensch in seinem weiteren Leben machte, wurden durch das Gedankengut des Vaters gefiltert, woraus sich eine Meinung bildete, die überaus deutlich der Meinung des Vaters entspricht. Der Sohn wurde 1942 geboren und ist heute neunundsechzig Jahre alt. Er verherrlicht die Machenschaften im Drit-

ten Reich ebenso wie Adolf Hitler und schimpft auf den demokratischen Staat und jegliche Ordnung. Er schimpft eigentlich auf alles, wirkt immer freudlos, verhält sich aggressiv und stellt sich über andere. Durch sein Verhalten zieht er auch keine Freunde an, und seine Ehefrau wird von ihm unterdrückt, so dass er auch nicht über die Auseinandersetzung mit den Mitmenschen sein Gedankengut hinterfragen und korrigieren könnte. Da er ein vom Vater übernommenes atheistisches Gedankengut vertritt, kann ihn auch niemand auf seinen Missstand aufmerksam machen. Spiritualität in jeglicher Form verhöhnt und verspottet er. Er wird wohl sein Leben, mit der zweiten Seele im Gepäck, so zu Ende leben müssen. Wir können für ihn und seinen Vater nur hoffen, dass sich beide Seelen nach seinem Tod schnell trennen können. Denn oft bleiben Seelen, die so lange zusammen waren und eine gemeinsame Identität aufgebaut haben, nach dem Ableben verbunden, merken beide nicht, dass sie verstorben sind, und kämpfen gemeinsam in ihren Emotionen weiter. Dann besteht die Gefahr, dass sie sich in den unteren Astralwelten zu Gleichgesinnten hingezogen fühlen, und dies würde die Hölle bedeuten.
Schicken wir also diesen beiden unheilvoll miteinander verbundenen Seelen, wie auch allen anderen mit ähnlichem Schicksal, viel Segen.

Ein zweites Beispiel. Klaus war sieben Jahre alt, als sein Vater an den Folgen einer Kriegsverletzung starb. Er befand sich zum Todeszeitpunkt im Raum, und es kam zu einer Besetzung. Der Vater selbst war, wie im vorherigen Fall, ein aggressiver Mensch und ebenfalls ein überzeugter Nazi. Klaus wuchs heran, bekam einen Stiefvater, der ihn unterdrückte und misshandelte. Um diese Zeit zu überstehen, musste er seelisch ein Stück weit verhärten.
Von seinem Wesen her war er ein lichtvoller und grundehrlicher Mensch, er war äußerst sensibel und hatte eine sehr starke

geistige Anbindung, von der er aber leider, durch seine seelische Blockade bedingt, nicht viel bemerkte. Er hätte als geistiger Heiler o. ä. seine Berufung finden können, aber durch den frühen Tod seines Vaters und die späteren Misshandlungen durch den Stiefvater war er seelisch blockiert und konnte seine geistige Anbindung, sein geistiges Wissen und seine Fähigkeiten niemals umsetzen und ausleben. Er wusste nicht einmal davon.

Das besitzergreifende, aggressive Gedankengut des Vaters konnte sich immer mehr mit seinem eigenen vermischen. Auch hier kam es wie im vorherigen Fall zu einer Verherrlichung des Dritten Reiches. Klaus lebte ein sanftes Grundwesen mit plötzlichen aggressiven Ausbrüchen. Die besetzende Seele kostete ihn viel Energie und machte es ihm unmöglich, seinen Lebensplan zu erfüllen. Als seine Kräfte mit den Jahren nachließen, wurde er zunehmend krank.

Schließlich machte ich ihn auf die Besetzung durch seinen Vater aufmerksam, aber er wollte dessen Seele noch nicht erlösen, weil er, nachdem er von der Besetzung erfahren hatte, seinen Vater melancholisch in sein Herz geschlossen hatte.

Er starb schließlich fünfundsechzigjährig an seinem vierten Herzinfarkt. Durch seine Sensibilität und sein geistiges Wissen konnte er sich in den lichten Welten schnell zurechtfinden. Ich konnte aber beobachten, dass er die immer noch dominante und besitzergreifende Seele seines Vaters nur schwer loswurde. Schließlich durchlief er aber in den oberen Astralwelten innerhalb eines Jahres die Schritte Erkenntnis, Verständnis, Vergebung und Vertrauen, und in der fünften Dimension, wo es um den Mut geht, gelang es ihm schließlich, sich gegen die Seele des Vaters durchzusetzen und sich ganz auf Gott zu besinnen.

Nachdem die Seele des Vaters durch die Auflösung der Resonanz loslassen musste, kann auch sie jetzt beginnen, sich in den geistigen Welten zurechtzufinden, und hat inzwischen ihren Schutzengel annehmen können.

Ein ähnliches Schicksal habe ich auch noch bei einer siebzigjährigen Frau erlebt. Sie war zehn Monate alt, als die Fabrik bombardiert wurde, in der ihr Vater arbeitete, und er zu Tode kam. Seine Sehnsucht zog seine Seele ebenfalls direkt zu seinem Kind, was zu einer Besetzung führte. Bei diesem Vater handelte es sich allerdings um einen liebevollen, zurückhaltenden und unaufdringlichen Menschen, und so verhält er sich auch als Seele. Er belastete seine Tochter emotional nicht, doch war sie in den letzten zwanzig Jahren körperlich krank, wobei ihr, so berichtete sie, kein Therapeut Linderung verschaffen konnte.

Nachdem sie auf die Besetzung aufmerksam gemacht wurde, konnten sich die Seelen durch ein Gebet trennen. Sie blühte danach sichtlich auf, da ihr nach Auflösung der Besetzung plötzlich viel mehr Energie zur Verfügung stand.

Es kann selbstverständlich auch Besetzungen von Erwachsenen geben. Dies geschieht dann meist durch Besitzansprüche. So beobachte ich die Seele einer Witwe, die fünf erwachsene Kinder hatte, welche sie zeitlebens nicht loslassen konnte und mit ihrer eigenen Erwartung in Abhängigkeit brachte und dominierte. Sie ist vor etwa fünfzehn Jahren an Herzversagen gestorben. In ihrer zeitlebens vorherrschenden Bedürftigkeit existiert sie nun auch jenseits der Schwelle. Sie fixiert sich weiterhin nur auf ihre fünf Kinder und hat nicht gemerkt, dass sie verstorben ist. Seit ihrem Tod lebt sie in der Aura ihrer Kinder weiter, und zwar geschah dies zunächst abwechselnd immer in der Person, die gerade selbst emotional am schwächsten war und wehmütig an die Mutter dachte. Seit einigen Jahren hat sie sich auf eine Tochter fixiert und in deren Aura eingenistet.

Ich kenne auch eine sechzigjährige, recht couragiert auftretende Frau, deren Mutter vor sieben Jahren verstorben ist. Sie

hatte ihre Tochter zeitlebens so stark dominiert, dass diese ein schlechtes Gewissen hatte, wenn sie nicht täglich anrief, ihre Mutter ständig besuchte und sich um sie kümmerte. Nach dem Tod der Mutter kam es zur Besetzung. Irgendwann suchte die Tochter einen Therapeuten auf, der die Besetzung bestätigte und versuchte, gemeinsam mit ihr der Seele der Mutter ihren verstorbenen Zustand klarzumachen und sie zum Loslassen und zum lichtvollen Aufstieg zu bewegen. Dabei verspürte der Therapeut zu seiner großen Überraschung einen heftigen Schlag im Nacken. Als er der Patientin davon erzählte, meinte sie bestätigend, dies würde absolut dem Wesen ihrer Mutter entsprechen.
Man kann an diesem Beispiel sehen, was eine immaterielle Energie mit Aggression bewirken kann. Die Seele der verstorbenen Mutter konnte nach einigen Sitzungen und der konsequenten, aus jeglicher Resonanz herausgehenden Haltung der Tochter schließlich ins Licht geführt werden. Die Tochter fühlte sich nach ihren eigenen Angaben danach so frei und lichtvoll wie niemals zuvor in ihrem Leben.

Hier noch die Geschichte einer Besetzung zwischen einem Vater und seiner jugendlichen Tochter. Es handelte sich um ein vierzehnjähriges Mädchen, welches sich durch Ritzen schwere Hautverletzungen zufügte. Sie hatte damit begonnen, nachdem der Vater durch Suizid aus dem Leben geschieden war. Es gab für ihre Taten zwei Ursachen: den Schock und die Besetzung durch den Vater.
Der Vater hatte den Selbstmord im Affekt verübt. Er war zeitlebens sehr eng mit seiner Tochter verbunden gewesen. Nach seinem Tod zogen die beiden sich dann in ihrer Sehnsucht an. Der Vater trat in die Aura der Tochter ein. Die Tochter trug nun seinen gesamten emotionalen Schmerz und konnte diesen nur aushalten, indem sie sich selbst Schmerz zufügte, um damit seinen Schmerz zu übertönen. Nachdem ich ihr die

Situation erklärte, konnten sich die beiden Seelen mit Hilfe von Gebeten trennen und sich jeweils auf ihren eigenen Weg machen. Die Tochter hörte daraufhin sofort mit den Eigenverletzungen auf.

Eine andere Form von Besetzungen, welche z. B. bei Abtreibungen entstehen kann, möchte ich hier noch erwähnen. In den ersten sieben bis elf Wochen nach der Zeugung hält sich die Seele des ungeborenen Kindes noch in der Aura, also außerhalb der Mutter, auf und besitzt noch den absoluten Bezug zu den geistigen Welten und ihrer kosmischen Heimat. Danach tritt die Seele in den heranwachsenden Körper ein, vergisst ihre geistige Herkunft und lässt sich ganz auf die Mutter und das neue Leben ein. Sie wird somit vom »Ich« zum »Wir«. Wenn nach diesem Zeitpunkt eine Abtreibung vollzogen wird und die Frau das Wesen emotional nicht loslässt, kann die Seele sich selbst nicht als Individuum wahrnehmen und sich somit auch nicht von ihrem Schutzengel zurück in die geistigen Welten, ihre Heimat, begleiten lassen. Es besteht hier die Gefahr, dass die Seele, die sich ja zuvor auf die Mutterbindung eingelassen hat, in der Aura der Frau verbleibt, was dann eine Besetzung bedeutet.
Es ist deshalb wichtig, bei einem solchen Schritt mit der Seele Kontakt aufzunehmen und ihr liebevoll die Situation zu erklären, damit sie das »Wir« loslassen und wieder ihre eigene Individualität erfahren kann, um somit wieder schneller in die geistigen Welten zurückzufinden.

Wie können Verstorbene mit Hinterbliebenen kommunizieren?

Wenn ein Mensch gestorben ist, lebt seine Seele weiter. Sie ist nicht mehr an Raum und Zeit gebunden.
Für die Hinterbliebenen ist es wichtig zu begreifen, dass sie den Verstorbenen nicht endgültig verloren haben, sondern seine energetische Daseinsform akzeptieren müssen, genauso wie auch er selbst es tun muss. Die nun im Jenseits lebende Seele des Verstorbenen ist für die Hinterbliebenen oftmals genauso spürbar wie die eigene seelische Befindlichkeit. Durch die seelische, emotionale Verbindung bleiben Verstorbene wie auch Hinterbliebene miteinander verbunden.
Da die Verstorbenen nun aus reiner Energie bestehen, können sie mit den Hinterbliebenen auf verschiedene Weise kommunizieren, was auch oftmals geschieht. Sie können sich z. B. in Tag- und/oder Nachtträumen zeigen oder in einer Meditation unerwartet und lichtvoll auftauchen. Manche Hinterbliebenen spüren ihre liebevolle Anwesenheit durch eine Berührung. Die Anwesenheit von Verstorbenen kann sich ebenso in spontan auftretenden Gefühlen und Gedanken zeigen wie in Geräuschen. Eher selten berichten mir die Menschen von körperlichen Reaktionen, durch welche sich Verstorbene melden.
Es gibt sicherlich noch viele andere Varianten und Möglichkeiten, die aber an dieser Stelle den Rahmen sprengen würden. Die folgenden Beispiele sollen solche Kontaktaufnahmen veranschaulichen.

Begegnung durch Tag- und / oder Nachtträume

Eine sensible Therapeutin hat mir berichtet, dass eine langjährige Patientin an Krebs verstarb. Sie sah ihre Seele am nächsten Tag völlig unerwartet plötzlich vor sich stehen, als sie ihrer normalen Tätigkeit im Alltag nachging. Die Seele der verstorbenen Patientin sah sie dabei hilflos und suchend an.
Die Therapeutin verstand, dass die Seele nach einem Weg ins Licht suchte, aber offensichtlich nicht wusste, was sie nun tun sollte. Da diese Patientin zu Lebzeiten viel Vertrauen zu ihrer Therapeutin gefasst hatte, hatte sie sich nach ihrem Ableben in ihrer Unsicherheit hilfesuchend zu ihr begeben. Daraufhin sagte die Therapeutin innerlich zu ihr: »Du bist verstorben, die Engel sind bei dir und zeigen dir den Weg. Schau nach oben ins Licht und lass dich vertrauensvoll führen.«
Dem folgte die Seele, wurde vom Licht angezogen und konnte ihren Weg finden. Bei der Therapeutin stellte sich daraufhin ein warmes, stimmiges Gefühl ein, was ihr wiederum zeigte, dass die Seele auf dem richtigen Weg war.

Eine Seminarteilnehmerin berichtete mir, dass sie plötzlich einen kurzen Tagtraum hatte. Sie sah, wie ihre verstorbene Großmutter ganz beunruhigt nach ihrer Hand griff und sie aufforderte, zu ihrer Mutter (also zur Tochter der Großmutter) zu gehen und ihr zu helfen. Daraufhin fuhr diese Frau sofort mit dem Auto zur ihrer Mutter, welche eine Viertelstunde von ihr entfernt wohnte. Nachdem sie dort eingetroffen war, konnte sie einen schlimmen Familienstreit schlichten, welcher kurz davor stand, in Gewalt zu eskalieren.

Eine ganz unglaublich klingende Geschichte habe ich selbst erlebt. Es war noch in Russland, als ich etwa elf Jahre alt war. Es war später Abend, und eine Nachbarin, die von meinen hellseherischen Fähigkeiten wusste, klingelte an der Haustür.

Sie war ganz aufgeregt und bat mich, sofort mit ihr zu kommen. Die Nachbarn standen alle draußen im Garten und waren geradezu in Panik. Diese Familie war überhaupt nicht spirituell, und doch konnten alle ganz deutlich die Seele ihrer kürzlich verstorbenen Großmutter sehen, die kürzlich verstorben war und nun unter eine Birke stand. Sie sah so aus wie zu Lebzeiten, nur durchscheinend. Mit strengem Blick musterte sie die groben und oftmals gewalttätigen Männer der Familie. Diese wiederum reagierten darauf mit großer Angst.

Ich versuchte sie zu beruhigen und fragte die Seele der Oma, warum sie hier erschienen sei und warum sie keinen Frieden finde. Ihre Seele übermittelte mir eine Botschaft für die Männer. Sie sollten wissen, dass sie ihre künftigen Taten beobachten werde – und sollten sie wieder ihre Frauen mit Bosheiten und Schlägen traktieren, so werde sie wiederkommen. Während sie mir dies mitteilte, versteckte sich der gewalttätigste Mann aus dieser Familie, ein »Kerl wie ein Baum«, in panischer Angst hinter mir! Nachdem ich ihre Botschaft den Umstehenden mitgeteilt hatte, entspannte sich die Atmosphäre, und die Seele verschwand im Licht.

Eine Seminarteilnehmerin erzählte mir ihre Geschichte. Sie hat ihren neunzehnjährigen Sohn durch Spontantod verloren. Immer, wenn sie in ihrer Trauer wissen möchte, wie es ihm geht, erscheint er in ihren Träumen. Er lächelt sie wie ein Engel an, und es erfasst sie ein Gefühl der Liebe und des Friedens. Das gibt ihr jedes Mal Sicherheit und bestätigt ihr, dass es ihm im Licht wirklich gutgeht.

Begegnung in einer Meditation

Wiederholt haben Menschen mir berichtet, dass ihnen manchmal während einer Meditation unerwartet das lichtvolle Gesicht eines verstorbenen Freundes begegnet und sie liebevoll anlächelt. Das Gesicht strahlt dabei Harmonie und Ruhe aus. In solchen Momenten fühlen sich diese Menschen in wichtigen Entscheidungen bezüglich ihres weiteren Weges bestätigt. Manchmal kommt auch eine gezielte Durchsage, welche Trost spenden soll.

Begegnung durch sanfte Berührung

Eine Mutter hat mir berichtet, dass sie die Anwesenheit ihres verstorbenen Sohnes wie eine sanfte, liebevolle Berührung an ihrem Arm wahrnimmt. Dann weiß sie, dass er weiterlebt und dass es ihm gutgeht. Diese spürbare Anwesenheit war ihr bei der Bewältigung ihrer Trauer eine große Hilfe.

Eine bekannte Heilerin hat mir berichtet, dass eines Tages ihr innig geliebter Bruder Selbstmord begangen hat. Als sie ihren ersten Schock darüber loslassen konnte, spürte sie plötzlich große heilende Kraft in ihren Händen und eine dauerhafte, angenehme Präsenz ihres verstorbenen Bruders. Danach kamen Menschen zu ihr, um sich von ihr behandeln zu lassen, und sie konnte ihnen tatsächlich helfen. In ihrem Herzen wusste sie, dass die heilenden Gaben durch ihren Bruder auf sie gekommen sind. Er blieb in ihrer Nähe und unterstützte sie, um das Leid der Familie, das durch seine spontane Tat entstanden war, wiedergutzumachen. Gleichzeitig konnte er auf diesem Weg auch sich selbst heilen.
Während der Anfangsjahre als Heilerin träumte die Frau regelmäßig von ihrem Bruder. Sie sah dabei jedoch nie sein

Gesicht. Eines Tages träumte sie wieder von ihm. Aber in diesem Traum lächelte er sie freundlich an und winkte ihr zum Abschied zu. Und sie begriff, dass er sein Gesicht vor sich selbst wiedergewonnen hatte und jetzt seinen Weg ins Licht ging. Sie heilt nun erfolgreich aus eigener Liebe und lichtvoller kosmischer Anbindung und geht ihren lichtvollen Weg auf dieser Erde im inneren Frieden, wie ihr Bruder dies im Jenseits tut.

Wahrnehmung von Seelen durch Gefühle und Gedanken

Oft spüren Menschen die Anwesenheit der Seelen ihrer Verstorbenen durch das Gefühl, im Raum nicht allein zu sein, obwohl sich kein weiterer Mensch im Raum befindet. Dieses Gefühl ist auch oft mit einem leichten inneren Frösteln und einer leichten Unruhe verbunden. Es kann sich auch durch Gefühle und Gedanken verstärken.

Eine Frau hat mir berichtet, dass ihre Großmutter, an der sie sehr hing, für sie die Vertrauensperson und eigentliche Mutter war. Als ihre Großmutter starb, war sie sehr traurig darüber und wollte und konnte sie nicht loslassen. Sie spürte sie sehr oft in der Nähe um sich herum und freute sich darüber. Im Laufe der nächsten Monate musste sie dann aber verstärkt feststellen, dass sie angefangen hatte, immer mehr wie ihre Großmutter zu denken und zu fühlen. Als sie dann sogar, obwohl sie nie gerne gekocht hatte, die Lieblingsrezepte ihrer Großmutter heraussuchte, begriff sie, dass sie ihre Großmutter nun loslassen und ihr den Weg ins Licht aufzeigen musste. Durch das innere Loslassen konnte sie der Seele ihrer Großmutter liebevoll den Weg ins Licht zeigen und war dann bald wieder sie selbst, mit ihren eigenen Gewohnheiten, Stärken, Gedanken und Gefühlen.

Manchmal merken Menschen, dass sie ohne einen ersichtlichen Grund gehäuft und oft mit zunehmender Intensität an einen verstorbenen Mitmenschen denken müssen oder manchmal sogar seinen individuellen Geruch wahrnehmen. Dahinter steht oft die Bitte dieser Seelen, ihnen dabei zu helfen, weiter ins Licht zu kommen. Eine Messe, das Anzünden einer Kerze, ein gezieltes Gebet hilft den Seelen dann, sich noch intensiver auf das Licht Gottes einzulassen. Je mehr sie spüren, dass liebevoll an sie gedacht wird, umso mehr erfahren sie Unterstützung in ihrer Selbstannahme und in ihrer Fähigkeit, sich selbst immer mehr als Licht zu erfahren.
Sprechen Sie innerlich immer wieder: »Schau nach oben ins Licht und folge den Engeln«, und gehen Sie dann aus der Resonanz mit dieser Seele und besinnen Sie sich wieder ganz auf das Hier und Jetzt, auf Ihr eigenes Leben.

Wahrnehmung von Seelen durch Geräusche

Hier das Erlebnis einer siebzehnjährigen Schülerin. Sie saß eines Abends mit ihrer Familie im Wohnzimmer zusammen. Plötzlich ereignete sich ein heftiges Geräusch, das vom Speicher zu kommen schien. Alle Anwesenden hatten es gehört, wunderten sich darüber und fragten sich, was das wohl sein könnte. Fast im selben Augenblick sah sie im Wohnzimmer die Seele ihrer Großmutter, die im Ausland lebte, mitten im Raum stehen. Liebevoll schaute sie in die Runde, und ihre Augen sagten »Adieu«. Spontan sagte das Mädchen: »Die Oma ist tot.« Am nächsten Tag kam dann ein Anruf mit der entsprechenden Bestätigung.

Es gibt viele solche und ähnliche Geschichten. Dahinter steht das Bedürfnis der Seelen, sich von ihren Lieben zu verabschieden.

Reinkarnation und Karma

Reinkarnation bedeutet wörtlich: Wiederverkörperung im Fleisch. Zwei Drittel der Weltbevölkerung glauben an die Wiedergeburt.
Auch für mich ist Reinkarnation eine absolute Tatsache, denn ich sehe deutlich die Seelen der Verstorbenen im Jenseits und kann auch beobachten, wie sie wieder auf der Erde inkarnieren. Ich sehe ebenso die Engel, welche sie begleiten. Die heutigen christlichen Kirchen lehnen den Gedanken an Wiedergeburt ab, während allem Anschein nach die Urchristen noch mit dem Reinkarnationsgedanken lebten.
Origenes von Alexandrien (185–245 n. Chr.), ein bedeutender Kirchenlehrer, schien davon überzeugt zu sein, dass die Seele schon vor der Zeugung vorhanden sei. Er sagt dazu: »Wir sind gebunden, stets neue und stets bessere Lebensläufe zu führen, sei es auf Erden, sei es in anderen Welten. Unsere Hingabe an Gott, die uns von allem Übel reinigt, bedeutet das Ende unserer Wiedergeburt.« Für Origenes bestand der Sinn des Lebens darin, dass die Seele sich von Inkarnation zu Inkarnation weiterentwickelt und läutert und schließlich wieder in die Gemeinschaft mit Gott gelangt. Doch die Lehren von Origenes wurden später verworfen, viele seiner Schriften wurden verbrannt; im 4. Jahrhundert unter Kaiser Konstantin wurde jeder Hinweis auf die Reinkarnation endgültig aus den christlichen Lehren getilgt. Seitdem vertreten die christlichen Kirchen die Lehre, dass die Seele des Verstorbenen in eine Art Tiefschlaf verfällt und in diesem verharrt, bis das Jüngste Gericht eingeleitet wird und Gott den Menschen wieder neu nach seinem Ebenbild erschafft.

In einer gemeinsamen Erklärung der katholischen Bischofskonferenz und des Rates der evangelischen Kirche Deutschland zum Thema Organspende wurde folgende Aussage über Tod und Auferstehung veröffentlicht:

Leibliche Auferstehung bedeutet neue, durch den Geist Gottes verwandelte und verklärte Leiblichkeit. Diese zukünftige Wirklichkeit können wir uns nicht ausmalen. Sie ist nicht als Fortsetzung unseres irdischen Leibes vorzustellen, sondern bedeutet eine unaussprechliche Wirklichkeit, welche die irdische Leiblichkeit in eine neue Dimension überführt. So tief auch die Verwandlung reichen mag, es handelt sich nicht um einen totalen Bruch zwischen irdischem Leben und himmlischer Vollendung in der Auferstehung der Toten, sondern um eine Verwandlung unseres jetzigen Lebens und um eine wesenhafte (nicht stoffliche) Identität auch des Leibes ... Der Glaube vertraut darauf, dass der gnädige Gott aus dem Tod zum Leben auferweckt.

In der römisch-katholischen Kirche besteht nach wie vor die Lehre vom Fegefeuer, die von Papst Benedikt XII. im 14. Jahrhundert als Dogma formuliert wurde und nach der sich die Seelen von ihren Sünden reinigen können, um vor Gottes Angesicht zu bestehen. Auch Martin Luther (1483–1545) glaubte, dass ein neuer jenseitiger Mensch ohne jegliche körperliche Gebrechen entstehen würde, mit einem herrlichen Leib, welcher dann unsterblich sei.

Der Gedanke an die Reinkarnation ist aber weder neu, noch steht er ausschließlich unter dem Einfluss fernöstlicher Religionen, wie gelegentlich vermutet wird. Auch die Gemeinschaft der Essener, die am Toten Meer lebte, glaubte ganz offensichtlich an die Reinkarnation, und es ist sehr wahrscheinlich, dass Jesus von Nazareth zumindest Kontakt zu dieser

Gemeinschaft hatte. Auch Joseph und Maria haben möglicherweise zu den Laienbrüdern und -schwestern des Klosters von Qumran gehört.

Man findet den Reinkarnationsgedanken sowohl in der altnordischen Edda-Dichtung als auch in der Gnosis, in der Kabbala wie in der griechischen Philosophie und auch in vielen anderen alten Weisheitslehren.

Und viele große Denker haben zu aller Zeit den Gedanken der Reinkarnation in ihre eigenen Arbeiten einfließen lassen: Johann Wolfgang von Goethe, Galileo Galilei, Giordano Bruno, Friedrich der Große, Benjamin Franklin, Gotthold Ephraim Lessing, Friedrich Schiller, Heinrich von Kleist, Charles de Bonnet, Albert Schweitzer, Arthur Schopenhauer, Friedrich Nietzsche, Hermann Hesse, Novalis, Richard Wagner, Rudolf Steiner, Jakob Lorber, Wilhelm Busch und viele mehr.

Von Goethe stammen die bekannten Zeilen, die den Weg des Menschen wie folgt beschreiben:

Des Menschen Seele

gleicht dem Wasser:

Vom Himmel kommt es,

zum Himmel steigt es,

und wieder nieder

zur Erde muss es,

ewig wechselnd …

Karma

Ursprünglich heißt Karma »Aktion«, aber es wurde in seiner Bedeutung bald erweitert und beinhaltet jetzt auch den ewigen Kampf zwischen Gut und Böse. Oberflächlich betrachtet schaffen Sie sich gutes Karma, indem Sie gut sind, und schlechtes, wenn Sie schlecht sind. Das entspricht der christlichen Vorstellung einer Entscheidung zwischen guten und bösen Handlungsweisen und der Folge davon, nämlich entweder belohnt oder bestraft zu werden. Millionen von Menschen im Osten und Westen leben mit diesem Glauben. Aber Karma an sich hört nie auf; es ist Teil der ständigen Reise der Seele und nicht einer einzigen Lebensspanne, die unwiderruflich entweder in den Himmel oder zur Hölle führt.

Karma sind die nicht losgelassenen Emotionen aus den Erfahrungen früherer Leben. Diese sind noch nicht abgeschlossen, weil der Mensch aus ihnen noch etwas lernen kann. Probleme im jetzigen Leben können, müssen jedoch nicht ihre emotionale Ursache in früheren Leben haben. Die Auflösung hängt von der inneren, unbewussten Bereitschaft des Menschen und von der »Reife« des Zeitpunktes ab. Denn oftmals braucht der Mensch noch weitere Erfahrungen, bis er auf diese Emotionen nicht mehr mit Resonanz reagiert.

Man sollte sich jedoch, bis auf wenige Ausnahmen, nicht zu viel mit vergangenen Inkarnationen beschäftigen, denn das meiste, was wir aufzuarbeiten haben, rührt vom jetzigen Leben her. Wenn es uns gelingt, dies in reiner Liebe zu heilen, kann der karmische Rest sich oftmals von allein lösen. Heilungen alter Emotionen geschehen am ehesten durch Vertrauen, Liebe und Vergebung, auch sich selbst gegenüber.

Es kann jedoch vorkommen, dass es zwischen Menschen zu einer Täter-Opfer-Beziehung kommt oder in einem früheren Leben dazu gekommen ist. Der schlimmste vorstellbare Fall wäre hier ein Schwerverbrechen, denkbar ist aber auch ein langjähriger heftiger »Krieg« zwischen Ehepartnern, zwischen Schwiegermutter und Schwiegertochter und vieles mehr. Wenn solche Emotionen nicht verarbeitet werden können bzw. konnten, wenn sie nicht von einem der Beteiligten, hier natürlich vornehmlich vom »Opfer«, bereits verziehen werden konnten, können sich die Beteiligten in einem späteren Leben nochmals zusammenfinden, weil sie sich über die noch vorhandene Resonanz anziehen. Dies wird sicherlich von niemandem angestrebt.

Ich möchte deshalb jedem Menschen raten, allem und allen zu vergeben, sowohl den Geschehnissen aus diesem Leben wie auch aus früheren Leben. Ich empfehle dazu mein Vergebungsgebet, das ich in einem früheren Kapitel formuliert habe.

Zusammentreffen der Seelen im Jenseits und Absprachen für ein neues Erdenleben

Wenn ein Mensch stirbt und die Seele über die Schwelle tritt, ist es möglich und kommt auch oft vor, dass sie von einer Seele oder auch von mehreren Seelen der bereits früher verstorbenen Lieben empfangen wird und dass diese Seelen im Jenseits gemeinsam ihrer Entwicklung nachgehen. Sie können sich dann gegenseitig positive Emotionen vorleben, was immer auch die anderen Seelen ermuntert und beflügelt, auf ihrem Weg zum Licht weiter vorwärtszuschreiten.
Um sich dort, in den jenseitigen Welten, wieder zu treffen, bedarf es einer gegenseitigen Resonanz. Jede Seele geht, über die unzähligen irdischen Inkarnationen im Wechsel mit den dazwischenliegenden jenseitigen Erfahrungen, ihren individuellen Entwicklungsweg, im Diesseits wie im Jenseits. Sie legt mit ihrem freien Willen ihren eigenen neuen Lebensweg für die nächste Inkarnation fest und muss diesen auch alleine gehen. Wenn nun aber aus der letzten Inkarnation oder den letzten Inkarnationen noch starke liebe- und lichtvolle Zuneigung vorhanden ist, so treffen sich diese Seelen im Jenseits wieder.
Die Ausgangsbedingungen können hierbei ganz unterschiedlich sein. Zum Beispiel können innig untereinander, aber auch mit dem Hinterbliebenen verbundene Seelen schon einige Dimensionen der oberen Astralwelt durchlaufen haben. Vielleicht sind sie sogar schon im Himmel angelangt, jenseits der siebten Astralebene. Sie haben aber den oder die auf Erden zurückgebliebenen lieben Menschen niemals aus dem

Bewusstsein gelassen. Wenn nun eine solche bisher noch auf Erden lebende Seele im Jenseits ankommt, so wird sie von der bzw. den bereits höher zum Licht aufgestiegenen Seele/n abgeholt, liebevoll empfangen und mit liebevoller Unterstützung durch die oberen Astralwelten begleitet.

Es kann aber auch sein, dass die Seele eines Verstorbenen gar nicht gemerkt hat, dass er auf Erden verstorben ist, weil sie ausschließlich auf den zurückgebliebenen Partner oder die zurückgebliebene Partnerin fixiert war. Diese Seele bleibt dann meist in dieser Emotion gefangen und hält sich nahe bei dem lebenden Partner auf. Dies kann außerhalb dessen Aura geschehen, es kommt also nicht zur Besetzung, und die Seele stellt für den Zurückgebliebenen auch keine wirkliche Belastung dar. Man nennt dies »Umsetzung«.

Wenn in diesen Fällen der Besetzung oder Umsetzung der Hinterbliebene stirbt, werden beide sich in der Astralebene begegnen und zunächst ihre bereits zu Lebzeiten vorhandene Co-Abhängigkeit weiterführen. Es herrscht dann das gleiche Gefühl vor, wie sie es zu Lebzeiten kannten. Sie bleiben zunächst aufeinander fixiert und suchen nicht nach dem Licht und auch nach keinem Schutzengel, der ihnen den Weg weisen könnte. Es kommt dann zwar zur einer Stagnation der Weiterentwicklung, aber die Seelen leiden nicht und kommen irgendwann aus ihrer gegenseitigen melancholischen Zuwendung heraus, so dass sie gemeinsam den Weg ins Licht antreten können.

Es ist also sowohl in der Astralebene wie auch in allen oberen Astralwelten und auch in den darüberliegenden Himmelssphären möglich, dass nahestehende Seelen bzw. Verwandte gemeinsam »unterwegs« sind. Es kann sogar vorkommen, dass eine Seele oder ein solch beschriebener Seelenverband sich lange gemeinsam in einer oberen Astralebene »einnistet«, wo sie sich wohl fühlen und gar nicht bemerken, dass es eigentlich noch weitergeht – bis dann irgendwann eine Seele den weiteren Weg entdeckt und die anderen ebenfalls darauf aufmerksam werden.

Wenn die liebenden Seelen sich dann alle jenseits der siebten Dimension befinden, dann geht es für sie, wie für alle Seelen, in der individuellen Entwicklung weiter. Sie werden miteinander lichtvoll verbunden bleiben, auch wenn es die einzelnen Seelen immer stärker aus der gegenseitigen Liebe hinaus und zur All-Liebe zieht.

Im Paradies schließlich ist jede Seele eine reine Individualschwingung und ist sich, so rein, licht- und liebevoll, wie sie ist, in der göttlichen Harmonie selbst genug. Liebende Seelen nehmen sich auch dort noch herzlich wahr, aber absolut außerhalb jeglicher Emotionen, wie wir sie hier auf der Erde als Liebe zwischen den Menschen verstehen und auch brauchen. In dieser Dimension ist es eben einfach »paradiesisch«.

Wenn solche miteinander verbundenen Seelen sich nach dem Durchlaufen der gesamten oberen Astralebenen, also nach der siebten Dimension, immer noch als zusammengehörig empfinden und feststellen, dass es für ihre jeweilige weitere Entwicklung nützlich und dienlich ist, gemeinsame irdische Aufgaben zu erfüllen, dann kann es auch Absprachen für ein neues gemeinsames Erdenleben geben.

Es sind hier in und aus dem lichtvollen und unendlichen Himmel alle nur erdenklichen Möglichkeiten an Zusammenkünften, Absprachen, Hilfe für die Erde, der Menschheit, die Hinterbliebenen usw. möglich. Mir sind Fälle bekannt, wo die Großmutter wieder als Kind bei der Enkelin, die Schwiegermutter wieder als Tochter und die verstorbene Tochter wieder als Enkelin bei ihrer Schwester inkarnierte. Es ist alles möglich – und die Liebe macht es möglich.

In der Ostschweiz steht an einem Ortsausgang in wunderbarer Aussichtslage ein unbewohntes Haus, welches als Denkmal für einen vor mehr als hundert Jahren verstorbenen berühmten Komponisten erhalten wird. Davor steht eine Informationstafel, die auf den Komponisten hinweist und berichtet, dass er dieses Haus erbaute, um mit seiner geliebten Frau hier gemeinsam zu wohnen. Diese verstarb aber dann kurz vor dem Einzug. Der Komponist wählte daraufhin das Haus nicht zu seinem festen Wohnsitz, sondern traf sich hier nur zeitweise mit Freunden.

Als ich an diesem Haus vorüberging, fiel mir die unglaubliche Schwere auf, die von ihm ausging. Es wirkte wirklich sehr düster. Ich erkannte, dass die Seele der verstorbenen Frau sich immer noch darin aufhielt. Sie hatte offensichtlich zum Todeszeitpunkt ihren Fokus wegen des bevorstehenden Umzugs ganz auf dieses Haus gerichtet. So konnte es passieren, dass sie ihr Ableben nicht wahrnahm und stattdessen in dieses Haus »einzog«. Hier verharrte sie nun in der Erwartung, dass ihr Gatte jeden Augenblick zur Tür hereinkommen müsse.

Nach einiger Zeit konnte sie mich wahrnehmen, und ich konnte ihr ihre Situation schildern. Als sie ins Licht schaute und begann, sich in diese Richtung zu begeben, konnte ich sehen, wie plötzlich die Seele ihres verstorbenen Mannes auftauchte, sie liebevoll begrüßte und sie gemeinsam ins Licht einzogen. Die zuvor düstere Energie des Hauses verwandelte sich schlagartig in eine lichtvolle, das Haus wirkte geradezu erhellt.

Da wahre Liebe formlos und freilassend ist, kann es durchaus auch sein, dass zwei Menschen sich sehr innig und von ganzem Herzen lieben, aber trotzdem jeder von ihnen eine große Eigen- und All-Liebe empfindet, so dass sich zwischen ihnen keinerlei Abhängigkeit entwickeln konnte. Wenn einer dieser Menschen stirbt, so kann es vorkommen, dass sie sich im reinen Licht liebevoll verabschieden und sich gegenseitig loslassen können. Danach geht jeder seinen eigenen Weg weiter, der eine im Diesseits, der andere im Jenseits.

Die Geburt ins Erdenleben

Jedes irdische Leben beginnt mit dem Mysterium der Geburt. Mit diesem Wunder kommt eine neue Seele aus ihrer himmlischen Heimat bei Gott auf die Welt, um hier ihr göttliches Licht zu entfalten.
Sobald es eine Seele zu den Aufgaben auf der Erde zieht, steht ihr selbstverständlich ihr Schutzengel unterstützend zur Verfügung. Er zeigt ihr, was es noch an mitgebrachten Emotionen aus alten irdischen Erfahrungen in der irdischen Welt abzuschließen gilt, und er weist sie auf den daraus resultierenden Zukunftsimpuls der Liebe hin.
Die Seele befindet sich zunächst noch in der geistigen Welt, und ihr Fokus richtet sich auf die Erde, zu dem neuen Leben, zur neuen Erfahrung. Im tibetischen Buddhismus bezeichnet man diesen Zustand bzw. den »Raum« zwischen Tod und neuer Inkarnation als *Bardo*. Die Seele erkennt das Davor und das Danach. Durch die Summe der karmischen Ursachen, also der Verstrickung in nicht gelöste Emotionen, gerät die Seele in Resonanz mit den irdischen menschlichen Schwingungen. Sie gerät in Resonanz mit einer Kultur, einer Gegend und mit Menschen, welche als Eltern in Frage kommen, um die neuen Aufgaben in Verbindung mit der All-Liebe für dieses neue Erdenleben am besten zu bewältigen. Über diese Resonanz findet die Seele dann zu ihrer neuen weltlichen Heimat, zu ihrem neuen Elternhaus. Daraus resultieren wiederum die Beschaffenheit der Gene, Konstitution, Körperlichkeit, Stärken und Schwächen, Fähigkeiten, Lebensbedingungen und vieles mehr.

Der Schwangerschaftsverlauf geschieht ungefähr in den folgenden Phasen:

Erste Phase: Zusammenführung von zwei Seelen

Die Seelen von Mutter und Kind werden zusammengeführt. Der Vater soll, aus geistiger Sicht, während der Schwangerschaft einen ruhenden und schützenden Pol darstellen, nicht mehr und nicht weniger. Es kommt, da sich die Schwangerschaft ja vom Augenblick der Empfängnis nur in der Mutter abspielt, vornehmlich auf die Zusammenführung der Seelen von Mutter und Kind an.
In der Aura der Frau taucht die künftig inkarnierende Seele in voller Wachheit auf, nicht etwa als schlafender Embryo. Die Seele steht in der Lichtgestalt, wie sie sich im Verlauf all ihrer bisherigen Inkarnationen im Himmel gebildet hat, in der Aura der werdenden Mutter.

Zweite Phase: Inkarnation der Seele des Kindes

In der Inkarnationsphase geht die Lichtgestalt des Kindes, die sich anfangs in der Aura der Frau befand, immer weiter bzw. tiefer in die Frau ein, wird sozusagen eins mit ihr und verdichtet sich dann als Lichtkugel im Schoß der Frau. Zwischen der siebten und elften Schwangerschaftswoche legt sich der sogenannte Schleier des Vergessens über die Seele des Kindes. Dieser Schleier bewirkt, dass die Seele ihre früheren Inkarnationen und ihren himmlischen Ursprung völlig vergisst. Die Kindesseele gibt sich ganz der Mutter hin und »schläft« in ihr ein.
Dieser »Schleier des Vergessens«, von vielen auch das »Verschließen des dritten Auges« genannt, ist für das Ankommen

im neuen Leben auf dieser Erde von essenzieller Bedeutung. Wir könnten uns hier nicht frei entfalten, wenn wir noch von Schocks, z. B. durch Krieg oder Ähnliches, belastet würden oder wenn wir vielleicht in einem schönen Schloss gelebt hätten und für dieses Leben zur Weiterentwicklung einen anderen sozialen Status gewählt hätten. Besonders intelligente Seelen würden vielleicht eine Checkliste anlegen, auf der sie alle unerledigten Emotionen aufschreiben und abzuarbeiten versuchen würden. Ein solcher Versuch müsste zwingend misslingen, da diese Emotionen nicht intellektuell gelöst, sondern über das Herz, in Liebe, Demut und Gottvertrauen gelebt werden müssen. Somit würde es keinerlei Vorteil bedeuten, wenn wir uns während unseres gesamten Erdenlebens ständig auch an alle früheren Leben erinnern müssten. Wir wären schon als Kinder erwachsen und könnten keine Neugier entwickeln. Ebenso würden wir auch in alten Beziehungen verstrickt bleiben.

Dritte Phase: Sammlung von Energie

In dieser Phase sammeln Frau und Kind die notwendigen Kräfte für das weitere Wachstum des Kindes. Der Körper der Mutter sammelt nun auch die nötigen Kräfte für die Bedürfnisse in der Schwangerschaft.

Vierte Phase: Körperliche Entwicklung

In dieser Phase geht es vor allem um die Entwicklung des Körpers, des Organismus, der Systeme und ihres Zusammenwirkens.

Fünfte Phase: Persönlichkeitsentwicklung

Ungefähr bis zum fünften Monat hat der Embryo keine »eigene« Identität, sondern ist eins mit der Mutter. Im fünften Monat jedoch erwacht die Persönlichkeit des neuen Menschen, seine Seele. Plötzlich »spürt« dieses neue Wesen, dass »da draußen« eine ganz andere Welt ist, eine neue Welt, die anders ist als es selbst. Dann fängt das neue Wesen an zu bemerken, dass es diese neue, andere Welt wahrnehmen kann, oft zwar durch die Wahrnehmungen und Reaktionen der Mutter, bisweilen aber auch ganz eigenständig.
Ein praktisches Beispiel: Die Mutter ist draußen in der Natur. Das neue Wesen schaut nun gewissermaßen mit den Augen oder durch die Augen der Mutter und nimmt Blätter, Himmel, einen Bach und so fort wahr. Das Kind wird im fünften Monat zum eigenständigen Beobachter. Die Persönlichkeit formt sich durch die Umstände und Situationen, die es miterlebt. Die pränatale Prägung ist nach meiner Ansicht noch ausschlaggebender als die karmische bzw. genetische Prägung oder die spätere soziale und kulturelle Prägung.

Sechste Phase: Der Geist erwacht

Die sechste Phase ist eine sehr ruhige Zeit; es ist, als ob eine lange Nacht des Schlafens und Träumens langsam zu Ende ginge und nun das Bewusstsein für einen neuen Tag erwachen würde. Nicht die aktive Wahrnehmung und Beobachtung der Außenwelt steht jetzt im Vordergrund, sondern das Sich-Öffnen und Hineinspüren in ein neues Sein.

Siebte Phase: Die Lebenskraft stabilisiert sich

Was sich inzwischen an Energien und Eindrücken gesammelt hat, wird nun verdichtet; der geistig beseelte Organismus stabilisiert sich auf allen Ebenen.

Achte Phase: Das ganzheitliche Mensch-Sein

Die Kräfte von Körper, Seele und Geist sind nun für sich genommen so weit entwickelt, dass eine erste ganzheitliche Verbindung und Verknüpfung stattfinden kann. Das bildet die Grundlage für die Erfahrung einer neuen Inkarnation, eines neuen Mensch-Seins.

Neunte Phase: Ent-Bindung

Der letzte Monat ist, vor allem auf der energetischen Ebene, der Vorbereitung auf die Entbindung gewidmet. Bereits in diesem Wort steckt eine tiefe Bedeutung: Das Kind wird aus der innigen Verbindung mit der Mutter gelöst, die ab einem bestimmten Zeitpunkt jedoch auch eine allzu enge Bindung darstellt. Die Entbindung ist allerdings auch eine derart tiefgreifende Erfahrung der Trennung, der Abtrennung, dass die Vorbereitung und die Hilfe für die Geburt gar nicht liebevoll, umsichtig, geduldig und harmonisch genug sein können, um frühe traumatische Prägungen durch den Trennungsschmerz zu vermeiden.

Die neun Phasen sind nun nicht nur wesentliche Stadien für das Kind, sondern auch die Mutter durchläuft diese Phasen. Das kann sich in Stimmungsschwankungen niederschlagen, von denen viele Frauen berichten. Wenn die Frau sich diese

Phasen bewusst macht, kann sie bereits durch dieses Wissen und ihre daraus folgende positive innere Einstellung sehr viel dazu beitragen, nicht nur das Kind zu fördern, sondern sich selbst auch weiterzuentwickeln.

Viele Frauen empfinden den fünften Schwangerschaftsmonat als den emotional schwierigsten Monat. In dieser Phase erwacht die Persönlichkeit, die Seele des Kindes. Es beobachtet die Welt und nimmt alles unmittelbar und unverfälscht wahr. Die Herausforderung für die Mutter ist es nun, dass sie sich selbst genauso unvoreingenommen betrachtet und sich ohne Bewertung annimmt, in ihrem Grundwesen, in ihrer Natur, in ihrer Seele, in ihrem Geist – kurz: dass sie sich wirklich liebt. Dazu zählt dann selbstverständlich auch, dass sie annimmt, wie sich ihr Körper jetzt anfühlt und wie er aussieht oder wie ihre Gefühle und Gedanken sind – und wie rasch sie sich auch verändern können.

Voller Erstaunen und Freude durfte ich immer wieder miterleben, dass Frauen, die ich über diese geistigen Zusammenhänge informiert habe und die dann bewusst in diesen fünften Monat hineingegangen sind, gerade diese Zeitspanne zu den glücklichsten und erfüllendsten Stadien der Schwangerschaft zählten.

Wenn wir uns nicht nur mit dem Leben und der Lebensführung beschäftigen, sondern auch mit dem Sterben und dem Sterbeprozess, aber ebenso oder noch viel mehr mit der Empfängnis, der Schwangerschaft und der Geburt, dann hat das den Sinn, dass wir gerade an diesen beiden Durchgängen der geistigen Welt so nahe sind wie sonst kaum einmal. Der Eintritt in die Inkarnation in ein neues irdisches Leben und der Übergang in eine andere Dimension danach stellen für sensible Menschen verstärkte Möglichkeiten dar, ein intensiveres Gespür für die geistigen lichten Welten und ihre Kräfte zu entwickeln. Die Schwangerschaft stellt für die Frau auch eine

Zeit dar, in der sie viele Entwicklungs- und Wachstumschancen erhalten kann.

Noch ein für viele Leserinnen vielleicht interessanter Hinweis aus der geistigen Welt: Die Seele des Kindes kann sich in zwei Phasen ganz bewusst und gezielt entscheiden, ob es die Inkarnation wirklich vollziehen möchte oder nicht. Das erste Mal ist dies in der zweiten Phase der Fall, dann noch einmal in der fünften Phase. In der zweiten Phase, bevor sich der Schleier des Vergessens über die Seele senkt, spürt die Seele, ob die Frau und Mutter in ihrer Lebenssituation genug Energie hat, einen Embryo heranreifen zu lassen und das Kind auszutragen. In der fünften Phase beobachtet die Seele, ob die Lebensumstände der Mutter es zulassen, dass die Seele ihren Lebensplan so angehen kann, wie sie ihn sich vorgenommen hat. Die werdende Mutter sollte also gerade in diesen beiden Phasen das Kind ganz besonders willkommen heißen und sich noch inniger auf die Kraft und Hilfe der Engel einstellen und diese einladen, in ihr zu wirken.

Jede werdende Mutter wird feststellen können, dass es ihr und ihrem werdenden Kind guttut, wenn sie besonders in diesen Monaten jeden Tag mit einem Engelgebet beginnt und abschließt und wenn sie sich immer wieder auf die lichtvolle geistige Welt einstellt. Sie sollte jeden Tag das Kind bewusst und aus ganzem Herzen liebevoll willkommen heißen! Die werdende Mutter hat eine prägende Vorbildfunktion für das neue Leben. Sie hat einen großen Einfluss darauf, ob das Kind Selbstvertrauen entwickeln kann, ob es dem Leben vertraut, ob es für die lichtvolle geistige Welt offen sein wird.

Organspende

Bei der Organtransplantation muss man die Sache von zwei Seiten betrachten. Da ist zum einen der Empfänger, für den die Organspende oftmals eine wesentliche Verbesserung seiner Lebensqualität darstellt und für den die medizinischen Fortschritte auf diesem Gebiet eine große Bereicherung darstellen. Betrachtet man die Angelegenheit von der Seite des Spenders, so ist die Spende eines gesunden Angehörigen ein wunderbarer Liebesdienst. Ebenso verhält es sich bei der Übertragung der Hornhaut des Auges von einem Toten.
Bei der Entnahme anderer Organe gelangen wir allerdings an ethische Grenzen. Das Problem hierbei ist, dass die zu entnehmenden Organe mit Eintreten des Todes wertlos werden. Um nun »lebende« Organe entnehmen zu können, wurde von Seiten der Medizin der Zeitpunkt des Todes neu definiert. Galten bisher als Zeichen des eingetretenen Todes Herz- und Atemstillstand, so wurde eine neue Definition des Todeszeitpunktes festgelegt, nämlich der Hirntod.
Das heißt, man bezeichnet nun einen Menschen als tot, wenn sein Herz noch schlägt und er somit noch lebt. Durch die festgestellten Hirnverletzungen gehen die Mediziner davon aus, dass der Patient innerhalb der nächsten Tage versterben wird. Zu diesem Zeitpunkt handelt es sich aber noch eindeutig um einen lebenden Menschen, dessen Seele mit dem Körper noch eine Einheit bildet und der nun eine liebevolle Sterbebegleitung benötigen würde, damit die Seele den gegebenen Zustand verstehen kann, um dann den Körper friedvoll loslassen zu können und den Aufstieg ins Licht, in den Himmel anzutreten.

Würde man diesem Menschen nun diesen selbstverständlichen Dienst zukommen und ihn friedvoll sterben lassen, so wären ab diesem dann eintretenden Todeszeitpunkt die meisten Organe für die Transplantation unbrauchbar. Um also die benötigten lebend-frischen Organe zu erhalten, hat die Medizin kurzerhand den Todeszeitpunkt vorverlegt und somit den irreversiblen Ausfall gewisser Hirnareale mit dem Tod des menschlichen Körpers gleichgesetzt. Es handelt sich bei Menschen, deren Organe entnommen werden, um noch lebende Menschen, deren Sterbeprozess künstlich gestoppt wird und deren Tod dann abrupt mit der Organentnahme einsetzt.

Wenn ein Schwerverletzter zum Organspender bestimmt wird, ändert sich auch spontan sein Status, nämlich vom Patienten bzw. Sterbenden zur lebenden Leiche. Es geht jetzt nicht mehr um das Wohl dieses Menschen, sondern um die Erhaltung der brauchbaren Organe, also ausschließlich um die zweckmäßige Aufrechterhaltung der Vitalfunktionen.

Die Hirntoddefinition macht also den Tod des Menschen ausschließlich am Gehirn fest. Bei der Organentnahme muss der Mensch, der »Hirntote«, dann narkotisiert werden, da es dabei oft noch zu Spontanbewegungen, Blutdrucksteigerungen wie auch zu Schweißreaktionen kommt. Das OP-Personal wird darauf vorbereitet, dass sie sich darauf einstellen müssen, dass sie die Organe lebenden Menschen entnehmen.

Bernhard Jakoby beschreibt in seinem Buch *Das Leben danach* einige beeindruckende Beispiele, u. a. den Fall des neunzehnjährigen Sven, der bei einem Verkehrsunfall lebensgefährlich verletzt wurde. Der Unfallarzt entschied, ihn zur Organentnahme in die Uniklinik in Hannover zu überweisen. Dort wurde sein Hirntod festgestellt. Der Unfall war am frühen Nachmittag passiert, um 19.30 Uhr trafen die Eltern in Hannover ein. Als man sie um die Zustimmung zur Organspende bat, lehnte die Mutter ab, da sie den Eindruck hatte, ihr Sohn sehe auf keinen Fall »tot« aus. Der Vater stimmte schließlich zu. Als die Mutter ihren Sohn kurz vor der Beerdigung noch einmal sah, war sie entsetzt: Er sah um Jahre gealtert aus, sein Haar war weiß geworden. »Er sah aus, als wenn er einen ganz schlimmen Todeskampf hinter sich hätte – gequält. Ich habe mich immer wieder gefragt, was da passiert ist.«

Ich schaute nach diesem Sven in den geistigen Welten und fand seine Seele in einem totalen Schock gefangen und erstarrt. Durch diese emotionale Schwere zog es die Seele immer tiefer in die unteren Astralwelten. Von seinem Wesenskern her war er ursprünglich ein lichtvolles Wesen, dessen Seele bei einem »normalen« Sterbeprozess relativ schnell den Weg ins Licht, in die oberen Astralwelten, gefunden hätte. Durch den ungeheuerlichen Schock war nun seine Seele dermaßen blockiert, dass es sie in die Schwere zog. Die Organentnahme hatte also sowohl seinem friedvollen Übergang wie auch seiner seelischen Weiterentwicklung im Jenseits massiv geschadet, was aller Wahrscheinlichkeit nach auch noch in die künftigen Inkarnationen hineinreichen wird. Statt eines normalen, mehrere Tage andauernden Lösungsprozesses hatte man abrupt seinen Körper zerlegt. Die durch den Unfall ohnehin irritierte Seele musste miterleben, wie der Körper, mit dem sie noch verbunden war, mittels Säge geöffnet, aufgeklappt und ausgeschlachtet wurde. Dieser unfassbare Schock ließ ihn spontan altern und seine Haare weiß werden.
Ich konnte ihn im Jenseits ansprechen. Nachdem ich ihm seinen Zustand erklärt hatte, konnte die Seele aus der emotionalen Schockstarre erwachen und den Aufstieg aus der Dunkelheit des Totenreichs ins Licht beginnen. Inzwischen ist ein halbes Jahr vergangen, und ich nehme ihn heute bereits in der fünften Dimension der oberen Astralwelten wahr.

Durch die Stärke seiner Persönlichkeit konnte er trotz des ungeheuerlichen emotionalen Schockerlebnisses, welches sein irdisches Leben beendete, seinen Glauben an das Gute und an das Licht Gottes wiederfinden. Er ist dabei, sein vorheriges Leben samt dem Schockereignis hinter sich zu lassen, um sich als geistiges Wesen in Gottes Gnade neu zu erfahren. Ich nehme nun erneut Kontakt zu ihm auf. Er erkennt mich sofort und bedankt sich für meine Hilfe. Er kann es immer noch nicht fassen, dass Mitmenschen eine so unmenschliche Tat an ihm begangen haben. Dies war nach seiner Aussage das Schrecklichste, was man ihm je hätte antun können. Er bestätigt, dass seine Seele sich zu diesem Zeitpunkt noch im Körper befand. Das Öffnen des Körpers wie auch die Organentnahmen habe er als unbeschreiblich schmerzhaft und schockierend erlebt. Er bittet mich, dies der Menschheit mitzuteilen, weil es anderen Menschen bei der Organentnahme ebenso ergeht und er auch hiermit eindeutig sein Missfallen über die gängige Transplantationstechnik kundtun will.

Er findet nach dieser Aussprache noch mehr Frieden und kann sich noch mehr seinem lichtvollen Aufstieg widmen, indem er sein vergangenes Leben immer mehr loslässt.

Wenn einem Sterbenden, einem sogenannten Hirntoten, Organe entnommen werden, dann sollte dies nur mit der bewussten, zu Lebzeiten geäußerten Zustimmung des Spenders erfolgen. Wenn sich ein Mensch mit der Organspende auseinandersetzt und sich dann bewusst entscheidet, dass er als Organspender zur Verfügung steht, dann ist dies eine andere Ausgangssituation. Wenn ihm tatsächlich die Organentnahme bevorsteht, sollte man den Sterbenden zuvor durch geistige Kontaktaufnahme und Gebete auf seine Situation aufmerksam machen und die Seele auffordern, nun den sterbenden Körper zu verlassen und ins Licht zu gehen.

Bei der Organbeschaffung ist die Wissenschaft zwingend aufgefordert, einen anderen Weg zur Organpräparation zu finden, als einen Menschen, dessen Organe, außer gewissen Hirnarealen, noch funktionieren, dessen Herz noch schlägt und dessen Seele dem Körper noch innewohnt, für tot zu erklären.

Ein himmlisches Leben bereits auf Erden

Es gibt viele Seelen, die nach dem irdischen Ableben bei der Lebensrückschau erkennen müssen, dass sie im vergangenen Leben viel zu wenig Erkenntnis und Entwicklung erlangen konnten, da sie zu sehr von ihrem eigentlichen Entwicklungsweg abgewichen sind. Im schlimmsten Fall könnte man von einem verirrten Lebensweg oder gar von einer verpatzten Inkarnation reden. Und doch hat jede Inkarnation ihren Sinn und setzt für die weiteren einen wichtigen Impuls. Ich wünsche uns allen, dass wir mit einer liebevollen Achtsamkeit durch unser wunderbares Leben gehen, um später zufrieden auf ein von Liebe und Weisheit erfülltes Leben zurückblicken zu können.

Ein freier Geist

Ich empfehle, den Umgang mit dem Thema Gott und All-Liebe möglichst mit freiem Geist anzugehen und nicht aus einer abergläubischen Haltung heraus. Da oben sitzt kein alter, weiser Mann mit einem langen Bart, der uns nach unserem Ableben nur zu sich in den Himmel lässt, wenn wir schön lieb waren. Wenn wir uns Gott als einen ständigen Beobachter oder gar Strafrichter vorstellen, werden wir uns nur selbst unterdrücken und unserer emotionalen Freiheit berauben.
Gottesverständnis und Gotteswahrnehmung geschieht aus einer geistigen Offenheit sich selbst gegenüber und aus einem tiefen Eintauchen in die Erkenntnis. Wenn ich persönlich

Gott begegne, dann erlebe ich ein unendliches, warmes und gütiges Licht, eine helle, überdimensionale, alles durchdringende Energie, die nicht in einer Form festzulegen ist. Es ist eine Energie, die nicht auf ein Wort zu reduzieren ist. Gott ist in allem und überall, Schöpfung und Liebe. Wir werden ihn finden, wenn wir uns in tiefer Ehrfurcht vor der Schöpfung verneigen und in reiner Liebe leben.

Der Lebensweg soll konsequent mit Offenheit und Neugierde und mit innerem Wissen und Weisheit begangen werden. Daraus kann dann eine eigene innere Philosophie entstehen, die uns frei und glücklich macht. Dieses Glück kann man nicht im Materialismus, nicht in Macht und irdischen Wünschen finden, nicht mit Geld erkaufen. Diese äußeren Aspekte, denen viele Menschen nachlaufen, sind die Folgen des vorherrschenden Gedankengutes und bringen keinen inneren Frieden. Es gibt keine materielle Sicherheit, die uns vor irgendetwas bewahren kann. Wir alle sind mit Gott verbunden und Teil eines göttlichen Plans, und jeder von uns ist auf seinem eigenen geistigen Weg, der sich von allen anderen Wegen unterscheidet. Jeder muss auf seine eigene Weise die unterschiedlichsten Lektionen und Erfahrungen in diesem Leben sammeln.

Es ist wichtig, den Schwerpunkt auf die innere Entwicklung zu legen. Denn erst wenn wir im Herzen voller Vertrauen, unerschüttert, gütig und liebevoll sind, sind wir auch für die glücklichen Folgen bzw. Aufgaben im Außen gewappnet. Nur der, der das Labyrinth des Zweifelns und des Selbstmitleides verlässt, kann das Glück in sich finden und ein erfolgreiches Leben anziehen.

Es sind leider noch viel zu wenige Menschen, die so einen tiefen Glauben an das Gute und an die Schöpfung in sich tragen. Diejenigen, welche diesen Entwicklungsschritt wagen, können dann auch überzeugend und konsequent in ihrer inneren Haltung leben. Diese spirituelle Konsequenz bedeu-

tet eine erfüllende und dauerhafte innere Entwicklung. Aus dieser heraus kann man dem irdischen Leben einen lebensbejahenden Sinn geben und in geistiger Anbindung ohne den Schatten eines Zweifels leben und lieben.
Jeder kann dieses Ziel erreichen, wenn er aus wahrer Selbsterkenntnis heraus begreift, worin seine eigentliche Aufgabe in diesem Leben besteht. Ich möchte jeden Einzelnen dazu auffordern, sich auf seine Selbstwahrnehmung und auf die bewusste Auseinandersetzung mit dem Leben zu besinnen. Denn alles dient einem höheren Sinn, und wenn wir eine Haltung der Dankbarkeit annehmen, werden wir es verstehen.

Kontakt mit dem Leben

Viele von uns finden keinen Kontakt mit ihrem Lebensweg, weil sie nicht wirklich erkennen können, was Liebe bedeutet. Manche bekommen sogar Schuldgefühle, wenn sie sich glücklich und geliebt fühlen. Sie meinen, es sei egoistisch, glücklich zu sein, und neigen eher zum selbstzerstörerischen Mitleid. Andere gestehen sich Glück und Fülle nicht zu, weil sie glauben, wenn andere Menschen in ihrem Umfeld traurig sind, müssen sie diese zuerst retten. Dies nennt man dann Helfersyndrom. Viele Zweifel und Leiden haben ihren Ursprung alleine darin, dass Menschen Angst davor haben, konsequent ihre Fesseln zu sprengen, die ihnen wiederum scheinbare Sicherheit vorgaukeln. Die Furcht vor dem nächsten inneren Schritt in Richtung Freiheit lässt diese Menschen in ängstlicher Verschlossenheit verharren. Andere leiden an ihrem Überreichtum, haben Angst, diesen zu verlieren, und merken nicht, dass ihr Besitz längst die Herrschaft übernommen hat. Andere sind erfolglos und unzufrieden und schüren ihre eigene Hilflosigkeit. Wiederum andere leiden unter ihren religiösen Einschränkungen und falschen Moralvorstellungen, anstatt wahre individuelle und mitmenschliche Werte zu entwickeln. Es gibt auch Menschen, die unter Liebesentzug oder Mangel an Vertrauen in ihre Mitmenschen leiden und deshalb ihre Liebe zum Beispiel nur in Tiere investieren, anstatt ihren freien Willen zur Selbstverantwortung, Erkenntnis und Befreiung zu nutzen.

Alle haben sie eines gemeinsam: Sie schränken sich selbst ein und pflegen unbewusst ihre Lieblingsangst, um sich ja nicht mit ihrem Lebenssinn auseinandersetzen zu müssen. Diese Selbstsabotage ist letztendlich Ausdruck einer mangelnden Selbstliebe, eines mangelnden Vertrauens zu sich und den Mitmenschen und eines mangelnden Urvertrauens in die göttliche Schöpfung.

Und doch wollen wir alle, dass uns unser Leid genommen wird. Nur sind wir uns der Tatsache nicht bewusst, dass dies nur geschehen kann, wenn wir selbst anfangen, an die Liebe zu glauben und die Angst hinter uns zu lassen.

Eine liebevolle, aber konsequente Umerziehung des eigenen Gedankengutes durch Achtsamkeit auf eigenes positives Denken und somit Befreiung des menschlichen Geistes ist hier die Lösung. Denn nur der Glaube kann uns heilen – und er kann auch Berge versetzen. Dafür ist es aber wichtig, aus der eigenen inneren Enge bzw. den inneren Zwängen herauszugehen und auf die Herzensweisheit der eigenen Individualität zu hören, denn ab dann lebt man sein eigenes Glück und seine eigene Überzeugung. Daraus kann dann die Liebe wachsen. Es geht letztendlich darum, lichtvoll den eigenen Horizont zu erweitern und nach seiner eigenen Vorstellung zu leben. Dies wiederum bedeutet, aus der festgefahrenen Norm herauszutreten und für die eigenen Ansichten, Erkenntnisse und Belange einzustehen.

Nur so schaffen wir es, wirklich Hoffnung zu leben anstatt Leid, Liebe vorzuleben, anstatt Ängste zu pflegen. So kann über die veränderte Resonanz unser Umfeld und unser Leben

auf dieser Erde sich völlig neu ordnen und zum Positiven hin verändern.
Es ist ganz wichtig, sich nicht unbewusst einzuschränken, sondern in allen Bereichen die Fülle zu spüren. Materielle Sicherheit und Ziele gehören ebenso zum irdischen Leben wie die geistige Entwicklung. Wir sollen und dürfen Reichtum besitzen, ohne ein schlechtes Gewissen haben zu müssen. Das All ist voller Fülle, immer und überall. Wir sollten aus tiefstem Herzen mit dem Liebes- und Lebensgefühl im Einklang sein. Denn lieben heißt ja nicht, besitzlos leben zu müssen, und auch nicht, in materiellen Existenzängsten verhaftet zu sein. Innerer Reichtum und Fluss zieht auch äußeren Reichtum an.
Setzen Sie sich liebe- und freudvoll aus dem Herzen persönliche Ziele, welche Sie im Inneren erfüllen. Dann wird sich vieles zum Positiven verändern. Das Verändern der persönlichen Ziele und der persönlichen Wünsche ermöglicht es, sich selbst positiver wahrzunehmen und sich so weiterhin liebe- und lichtvoll zu entwickeln. Das Lebensmotto auf Erden sollte immer sein: »Ich nutze das Leben, finde mein Glück und meine Liebe.« Denn wo Liebe ist, kann keine Angst sein. Dieses fließende Gefühl bedeutet Freiheit, und Freiheit lässt uns glücklich sein. Alles muss fließen, im Leben auf Erden wie im Leben im Jenseits. Wir sollten lernen, aus vollem Herzen zu leben.
Das wahre Glück erlebt man im tiefen Gefühl, nichts festhalten zu wollen. Festhalten geschieht aus Angst, Loslassen aus Liebe. Wir können im Außen nichts festhalten oder dauerhaft kontrollieren, denn alles ist vergänglich, außer der Seele und dem Geist. Die Umsetzung dieser Erkenntnis erfordert Vertrauen ins Leben und Vertrauen in die Schöpfung; sie unterliegt dem freien Willen des jeweiligen Menschen. Fangen Sie am besten sofort, hier und jetzt damit an. Wir leben nicht, um zu kämpfen und schließlich zu sterben; wir leben, um uns

zu entwickeln. Die Qualität des Lebens und das Lebensgefühl bestimmt jeder selbst mit seinem freien Willen. Es kommt ausschließlich darauf an, aus welcher inneren Lebensphilosophie Sie Ihr Dasein gestalten.
Es kommt ausschließlich auf Sie an. Schreiten Sie zur Tat!

Gesundheit

Es ist wichtig, die Kräfte des Körpers mit denen des Gefühls und der Gedanken zu verbinden. Der Körper in seiner Materie ist zwar vergänglich, doch sollte er möglichst auch dauerhaft gesund sein, um uns hier auf Erden als verlässliches Vehikel für unsere stetige Entwicklung zu dienen. Wenn der Lebensweg stockt oder wenn wir zu sehr vom Weg abgewichen sind, schwinden die Kräfte, und der Körper kann krank werden. Gesundheit bedingt die dauerhafte Durchlichtung unserer Zellen und Zellsysteme. Dafür müssen Körper, Seele und Geist im Einklang sein. In unseren Gefühlen sollten Vertrauen, Offenheit, Weisheit und Liebe dominieren und nicht Angst und Misstrauen. Dazu gehört ein uneingeschränktes Denken über den eigenen Horizont hinaus. Dann kann neues inneres Wissen entstehen. Daraus bildet sich das wahre Wissen, der wahre Glaube und das Vertrauen in Gott und die Schöpfung.
Tiefer, gleichmäßiger Atem, liebevolles Fühlen im Herzen und achtsames, klares Gedankengut sind eine der Grundvoraussetzungen der inneren Entwicklung und somit auch der glücklichen Handlungen, was wiederum die emotionale wie körperliche Gesundheit unterstützt.
Wir leben dann glücklich in unseren Herzenskräften, wenn wir uns mit dem Leben und mit anderen Menschen verbunden fühlen, wenn wir die Dinge so annehmen können, wie sie sind, und wenn wir eine tiefe eigene innere Wahrheit spü-

ren, wenn wir Freude erleben und teilen können, in Vertrauen und Liebe leben und positive Erlebnisse anziehen können. Diese Herzensfülle und Gelassenheit ist eine wunderbare Voraussetzung für die Wahrnehmung des Lebens. Dies ist der Weg zur Erfüllung unseres Lebenssinns. Nur über unsere Herzenseigenschaft können wir aus dem Leben und aus der geistigen Anbindung Kraft schöpfen. Der Mensch lebt das, was er fühlt!

Spiritualität

Das Leben ist nur dann Wirklichkeit und keine selbst erschaffene Täuschung, wenn es in seiner Natürlichkeit, im göttlichen Sinn verstanden und gelebt wird. Spiritualität ist somit auch sehr plausibel und nachvollziehbar, wenn man die Wahrheit in der Einfachheit sieht. Die Menschen verkomplizieren das Leben nur dann, wenn sie es selbst und die Hintergründe nicht verstehen. In der Einfachheit liegt die Wahrheit. Viele Menschen lesen unzählige ähnliche Bücher und meinen, fleißige Schüler zu sein. Dabei lesen sie immer wieder dasselbe, weil sie das Wesentliche nicht erkennen und umsetzen können. Ich rate diesen Menschen, zunächst alle Bücher zur Seite zu legen und den Mut zu entwickeln, die Wahrheit im eigenen Innern zu erkennen, denn dort ist das gesamte kosmische Wissen vorhanden. Wir müssen uns nur annehmen und von uns selbst überzeugt sein. Für unsere spirituelle Entwicklung brauchen wir keine Lehrer im Außen: Das Leben soll unser Lehrer sein.

Das Tatsächliche und Wahre liegt im realen Leben, d.h. in der gelebten Gegenwart. Man sollte keinen religiösen, spirituellen oder materiellen Dogmen verfallen, denn dies bedeutet immer Stagnation. Seien Sie da und handeln Sie da, wo Sie sind. Machen Sie den Schritt von dort aus, wo Sie gerade stehen. Bleiben Sie sich selbst treu und für Ihre Umgebung überzeugend. So, wie Sie sind, sind Sie perfekt, lichtvoll und vollkommen. Zweifel entstehen aus alten Emotionen, die uns zwar irritieren, aber keine wirkliche Bedeutung mehr für uns haben. Durch das Loslassen von altem Ballast werden wir immer freier und authentischer.

Jeder kann aus seinem vorhandenen Umfeld die Wahrheit erfahren. Öffnen wir unser Herz, dann sehen wir alles aus dem Blickwinkel der Liebe. Das Leben selbst ist der größte Lehrer und die Begegnungen im Alltag die beste Schule. Durch das Beobachten von Kindern können wir die Natürlichkeit, Offenheit und Spontaneität wieder erkennen. Auch in der Natur finden wir den wahren Gegenwartsbezug. Alles Göttliche und Lebendige ist perfekt, und in allem ist das gesamte Wissen verborgen.

Bücher, religiöse und spirituelle Lehrer können uns nur Impulse geben. Man darf das Gelesene wie auch das Gehörte nicht überbewerten und als reine Wahrheit auffassen, denn das wahre Wissen ist unendlich. Andere können uns immer nur ihre Sichtweise der Dinge und ihre individuelle Wahrheit vermitteln. Betrachten wir also all das auf diese Art und Weise uns vermittelte Wissen als die Meinung des anderen, freuen uns, dass es uns zuteilwird, lassen es bewertungslos in uns hineinfließen und integrieren das für uns Stimmige in unser eigenes Wissen. Nur so ist Wachstum möglich. Nur derjenige, der den Zustand des »Seins« vorlebt, bringt Wahrheit auf diese Erde, und Wahrheit macht im Geist grenzenlos, in der Seele frei und im Körper sicher und ruhig. Unsere Wahrheit können wir immer daran überprüfen, wie respektvoll wir mit den anderen Menschen und mit der Natur umgehen. So können wir täglich den inneren Lebenssinn der Liebe erkennen, in der eigenen liebevollen Einfachheit des Seins.

Eine neue Zeit

Ich möchte hier noch ein paar Zeilen zu der Welt- und Wirtschaftsuntergangsstimmung der heutigen Zeit anfügen. Unsere gegenwärtige neue Zeit erschafft keinen »Weltuntergang«. Die irrtümlichen Ankündigungen zum Jahrtausendwechsel und jetzt im Zusammenhang mit dem Jahr 2012 sind lediglich Wiederholungen der angstvoll-pessimistischen Visionen, die immer wieder einmal auftauchen. Solche Ankündigungen wird es auch in Zukunft geben, und es wird auch dann nichts Schlimmes passieren. Ich erinnere mich diesbezüglich an einen Vortrag, den ich im Jahre 2008 in St. Petersburg/Russland gehalten habe. Da fragte mich eine Zuhörerin, was die geistige Welt zur angekündigten Apokalypse 2012 sagt. Im Auditorium waren, wie bei all meinen Vorträgen, lichtvolle Engel zugegen, die mich bei meinen Ausführungen unterstützten. Sie schauten mich überrascht an und sagten: »Weltuntergang? Davon wissen wir nichts, Gott hat uns darüber überhaupt nichts gesagt!«

Meine Meinung ist, dass eine materielle Apokalypse sehr einfallslos von Gott wäre, wenn man den tiefen Sinn im Lebensfluss erkennt. Nur machtbesessene oder auch diktatorisch veranlagte Menschen schüren die Angst unter ihren Mitmenschen, um sich Gehör zu verschaffen und sich die anderen gefügig zu machen. Denn wenn der Mensch in Angst versetzt wird, wird er manipulierbar. Deshalb muss man mit religiösem Wahn wie auch mit apokalyptischen Vorhersagen sehr vorsichtig umgehen. Die eigene Wahrheit befreit die eigene Liebesfähigkeit und das Vertrauen ins Leben.

Was wir heute erleben, ist vielmehr eine durch das evolutionäre Bewusstsein bedingte Weiterentwicklung der Menschheit im göttlichen Plan. Das Besondere daran ist die bewusste geistige Entwicklung. Mit anderen Worten: Es gibt Veränderungen, es hat immer Veränderungen gegeben, und es wird weiterhin Veränderungen geben, aber es entsteht auch etwas Neues. Die Betrachtung geschieht aber noch aus der alten Sichtweise heraus. Diese Übergangsphase wird vorübergehen. Wir müssen nur aufpassen, nicht in die Wiederholung des Alten und somit in neue, selbst erschaffene Dogmen zu rutschen.

Die Vergangenheit war von Macht und Kriegen und in den letzten Jahrhunderten von der Wissenschaft geprägt. Die neue Zeit braucht Weisheit und Herzensoffenheit. Wenn wir Menschen es schaffen, diese Eigenschaften in uns zu entwickeln und zu verbinden, dann werden die alten Einschränkungen in uns und um uns herum an Kraft verlieren, um den neuen geistigen Fähigkeiten und einer neuen spirituellen Freiheit Platz zu machen. Dies ist die geistige Apokalypse. Deshalb werden wir nach 2012, wie auch bereits vor 2012, in der Entwicklung des evolutionären Bewusstseins weiterleben und unseren Lebenssinn in der Entwicklung der Liebe finden. Wir leben in der Zeit der Entwicklung zum Frieden und zur Mitmenschlichkeit! Jeder Einzelne ist für sein Erleben und seine innere Erneuerung selbst verantwortlich. Die äußeren Umstände ziehen wir aus den inneren Mustern an. Alles ist der Verlauf des Lebens. Wir können die gegenwärtige Entwicklung noch aktiver mitgestalten und manifestieren, wenn wir Achtung vor dem Leben, Fürsorge, Frieden, Herzlichkeit, Freiheit, Achtsamkeit und Ehrlichkeit vorleben. Dies sind die Eigenschaften der neuen Zeit. Sie ermöglichen uns die Entwicklung unserer Herzenskräfte und unserer Gottverbundenheit.

Das neue Bewusstsein besteht darin, mit dem geistigen Ursprung in allen Lebenslagen verbunden zu sein. Dies erfordert Selbstwahrnehmung und Selbstliebe. So ist der Lebenssinn immer mit der Liebe verbunden, aber die Auswirkung immer individuell. Dieses Bewusstsein führt zum Frieden mit uns selbst, den Mitmenschen und mit Gott und fördert auf Dauer den Frieden auf unserer Erde. Wir dürfen nicht vergessen, dass wir nicht nur die Summe all unserer karmischen Erfahrungen und der Erfahrungen dieses Lebens sind, sondern dass vor uns auch kommende Inkarnationen stehen, für die wir heute schon die Grundlagen schaffen.

Es ist wichtig, den Lebenssinn nicht im Außen zu sehen bzw. zu suchen. Er liegt im Herzensinneren und ist immer in Wandlung. Das Äußere ist jedoch eine gute Möglichkeit und ein Spiegel für die Wahrnehmung des eigenen Lebens und für die eigene Entwicklung. Wir können alles schaffen, wenn Liebe, Verständnis, Toleranz und Mitgefühl unsere vorherrschenden Eigenschaften im Leben werden.

Unser Alltag

Je mehr der Mensch seine geistige Anbindung in seinen Alltag und sein Handeln integrieren kann, umso stimmiger und harmonischer wird sein Leben verlaufen. Seine täglichen Aufgaben werden ihm leichter von der Hand gehen, und der Erfolg wird nicht ausbleiben.

Wenn aber eigene Ängste wie Existenz-, Versagens- und Verlustängste vorherrschen, welche die geistigen Impulse blockieren, so muss man sich im Alltag anders bewähren, und das Leben wird beschwerlicher. Die gespeicherten und unbewussten Ängste des Unterbewusstseins, unseres »inneren Kindes«, rebellieren, weil die Seele geheilt werden will. Um dem entgegenzuwirken und den inneren Heilungsprozess zu unterstützen, sollten wir schon morgens den Tag aufmerksam und am besten mit einer Meditation beginnen. Durch innere Achtsamkeit verhindern wir nämlich, dass wir zusätzliche Probleme anziehen, und mit dieser inneren Besinnung gehen wir automatisch viel besser mit uns und unserem Umfeld um und leben offener und ehrlicher, weil wir uns mit dem Leben im Fluss befinden. Wir lassen uns ganz anders auf den Tag ein, als wenn wir verschlossen durch das Leben gehen.

Für die Erfüllung des Lebenssinns ist die geistige Anbindung unerlässlich. Aber was ist die geistige Anbindung überhaupt? Es ist ein dauerhafter Bewusstseinszustand, unabhängig von den Höhen und Tiefen des Lebens. Er ist immer da und in jedem vorhanden. Wir leben alle unter ein und demselben Himmel; deshalb ist die geistige Anbindung nicht nur einigen wenigen zugänglich. Es ist nicht die Frage, ob sie da ist, sondern wie wir sie nutzen können. Die geistige Anbindung entspricht einer Gewissheit, mit den höheren Lichtsphären der göttlichen Allmacht verbunden zu sein. Sie äußert sich als Lichtfluss zwischen dem Menschen und den Himmelskräften. Er verstärkt sich, wenn wir in reiner Absicht, Freude und Urvertrauen im Herzen sind und die Bereitschaft haben, uns in unserer Individualität für die Intuition und Herzenssprache des Lebens zu öffnen. Dann schwingt unsere Liebes- und Herzensenergie mit den lichtvollen Kräften. Das Göttliche kann uns die Weisheit und den Umgang mit dem Leben näherbringen. So können wir ein erfülltes und erfolgreiches Leben führen, und wir bringen durch unser Glück Licht auf die Erde.

Zum guten Schluss

Auf dem dauerhaften Weg zum Licht und zur Liebe müssen wir uns auf Erden mit den gleichen Themen auseinandersetzen wie später im Jenseits oder im Himmel. Wir können sie größtenteils im Hier und Jetzt lösen, um befreit die Heimreise ins Licht anzutreten. Es sind grundsätzlich die gleichen sieben Entwicklungsschritte, wie wir sie bereits aus dem Jenseits und aus dem Sterbeprozess kennen:

Schritt 1: Erkenntnis

Erkennen wir, dass alles in Bewegung ist. Nichts ist unnötig, alles hat einen lichtvollen Sinn. Das Leben ist im Werden und Vergehen. Lass dich vom Leben führen und tragen. Ohne Vergangenheit gäbe es keine Zukunft, erkenne den Prozess in der Gegenwart, im Hier und Jetzt.

Schritt 2: Verständnis

Verständnis schafft die Voraussetzung zur Gleichberechtigung und zum weisem Umgang der Menschen miteinander, unabhängig von der Beurteilung der Kultur, des Geschlechts, der Religion, des Berufs oder des Alters. Verständnis löst die innere Angst, Enge, Hilflosigkeit und Aggression und macht frei und unabhängig.

Schritt 3: Vergebung

Aus der Vergebung, die uns auf neue Wege führt, entsteht die Kraft zur inneren Veränderung. Dies ist der wahre Dienst an der Menschheit. Vergeben kann nur der, der liebt.

Schritt 4: Vertrauen

Vertrauen führt zur wahren Erweiterung des Horizonts. Es versetzt den Menschen in die Lage, aus der inneren Veränderung heraus neue Wege im Außen zu gehen. Im Vertrauen ist der Lebenssinn der Entwicklung spürbar.

Schritt 5: Mut

Wir brauchen Mut, um die eigene Angst zu überwinden, auf neuen Wegen in Freiheit vorwärtszuschreiten, alles für möglich zu halten und die Kontrolle abzugeben. Dann können wir in Frieden und Harmonie unseren individuellen Weg gehen, im Einklang mit der Schöpfung.

Schritt 6: Loslassen

Wer stets in Leichtigkeit vorwärtsschreiten will, muss alle belastenden materiellen und emotionalen Anhaftungen loslassen. Dann erst erkennt der Mensch, dass er nicht allein ist, sondern als Teil der göttlichen Ordnung geführt und von Gott geliebt wird.

Schritt 7: Liebe

Liebe ist der höchste Zustand des Menschen, weil er sich in allem lichtvoll wiedererkennt. In dieser Kraft herrscht nur Harmonie und Frieden, so dass es keine Konflikte gibt, sondern absolute Stimmigkeit in Gottes Angesicht. Liebe ermöglicht Frieden mit der Vergangenheit, ist Motivation für die Zukunft und Lebensfreude in der Gegenwart. Allem voran sollte hier wie selbstverständlich die Selbstliebe stehen, um die All-Liebe zu erkennen und weiterzuentwickeln.
Im Jenseits, in den oberen Astralwelten, werden wir nach unserem Tod zwingend aufgefordert sein, diese Schritte zu gehen. Wenn wir sie bereits in unserem irdischen Leben meistern, können wir ein wesentlich erfüllteres Leben führen und werden später auch ein viel leichteres, müheloseres und lichtvolleres Loslassen im Sterben erfahren. Wir sollen uns bereits in unserem irdischen Leben bewusster wahrnehmen, unseren Ursprung und unsere Anbindung erkennen, denn so erkennen wir unseren Lebenssinn und setzen unsere Erkenntnisse liebevoll in den Alltag um.
Haben wir es bis zum Sterbeprozess nicht lernen können und schaffen es auch während des Sterbens nicht, so werden wir uns dieser Schritte anschließend annehmen müssen, was allerdings schwieriger ist, da wir nun ohne Körper und ohne Geist agieren müssen.
Wir sollten deshalb bereits zu Lebzeiten all unseren Intellekt und unsere Weisheit dazu einsetzen, das falsche Ego immer mehr abzuschwächen, um es schließlich ganz oder zumindest größtenteils loslassen zu können und diese Themen immer mehr zu verinnerlichen. So können wir bereits im Hier und Jetzt glücklicher, liebevoller und freier leben.
Irgendwann einmal müssen wir alle diese Themen ohnehin erlösen. Packen wir es also ruhig im Hier und Jetzt an.

Hinweise zur Autorin

Bisher erschienene Bücher, Karten und CDs von Jana Haas

- Engel und die Neue Zeit: Heilwerden mit den lichten Helfern. Berlin 2008 (Ullstein Allegria)
- Jana-Haas-Engelkarten. 44 Lichtbotschaften mit Anleitung. Berlin 2007 (Ullstein Allegria)
- Heilung mit der Kraft der Engel: Das Praxisbuch zum energetischen Heilen von Körper und Seele. München 2009 (Knaur MensSana)
- Erzengel und das neue Zeitalter: Ihre Kraft für persönliche Entwicklung. Beziehungen und Gesundheit nutzen. Mit einer Meditations-CD. München 2009 (Knaur MensSana)
- Mit den Engeln durch das Jahr: 365 himmlische Botschaften. München 2009 (Knaur MensSana)
- Schutzengel: Wie uns die himmlischen Begleiter zur Seite stehen. Mit einer Meditations-CD. München 2010 (Knaur MensSana)
- Fragen an Gott und die Engel. Berlin 2011 (Ullstein Allegria)
- Schutzengelkalender 2013. München 2012 (Knaur MensSana)
- Vortrag: Die 7 Erzengel. CD 60 Minuten. Eigenverlag (Bestellung siehe unten)
- Vortrag: Himmel und Erde und deren Heilkraft. CD 60 Minuten. Eigenverlag

- Vortrag: Das Jenseits: Aufstieg in den Himmel. CD 60 Minuten. Eigenverlag
- Vortrag: Der Mensch in der Neuen Zeit. CD 60 Minuten. Eigenverlag
- Vortrag: Der Lebensweg und wie uns die Engel dabei begleiten und helfen können. DVD. Eigenverlag.

- Filme von öffentlichen Vorträgen und Botschaften von Jana Haas können unter www.janahaas-kinderhilfe.de angesehen werden. Um eine Spende wird gebeten.

Kontakt

Jana Haas
Cosmogetic Institut
Hubenmühle 4, D-88634 Herdwangen-Schönach
Tel. +49-(0)7552-938399, Fax +49-(0)7552-938626
www.jana-haas.de
www.janahaas-kinderhilfe.de

JANA HAAS – Kinderhilfe in Russland e.V.

Der Verein »Jana Haas – Kinderhilfe in Russland e.V.« wurde 2010 von Jana Haas gegründet. Vorrangiges Ziel des Vereins ist es, Kindern in Russland bessere Lebensperspektiven zu ermöglichen. Wir sind auf Sponsoren und Fördermitglieder angewiesen. Alle eingehenden Spenden gelangen zu hundert Prozent, d.h. ohne jeglichen Abzug, zu den Empfängern. Unumgängliche Kosten werden aus Veranstaltungen von Jana Haas finanziert.

Spendenkonto bei der Sparkasse Bodensee
Jana Haas – Kinderhilfe in Russland
Konto-Nr.: 24 66 28 01
BLZ: 690 500 01
IBAN: DE79 6905 0001 00 24662801
SWIFT-BIC: SOLADES1KNZ

Jana Haas

Schutzengel

Wie uns die himmlischen Begleiter
zur Seite stehen

Der Glaube an Schutzengel ist so alt wie die Menschheit selbst. Wie aber kann man konkret erfahren, dass es diese Engel tatsächlich gibt – oder sogar mit ihnen kommunizieren? Was hat der Schutzengel mit dem eigenen Lebensplan zu tun, und wie hilft er bei persönlichen Belangen oder im Beruf? Jana Haas zeigt, dass das Wirken der Schutzengel auch persönlich erfahrbar ist und wie jeder über Engelsymbole, Bildersprache oder Übungen individuelle Botschaften und Antworten auf wesentliche Fragen bekommen kann.

Jana Haas

Erzengel und das neue Zeitalter

Ihre Kraft für persönliche Entwicklung,
Beziehungen und Gesundheit nutzen

Wir befinden uns auf dem Weg in ein neues Zeitalter – Erzengel helfen dabei, diese Herausforderungen zu bewältigen. Sie haben die Kraft, uns Menschen bei unseren Lebensaufgaben zu unterstützen.

Jana Haas gibt Einblicke in das vielseitige Wirken der Himmelsmächte und zeigt, wie wir die Kraft der Engel sowohl für persönliche Beziehungen als auch für berufliche Tätigkeiten und spirituelle Entwicklung nutzen können.

Jana Haas

Heilung mit der Kraft der Engel

Das Praxisbuch zum energetischen
Heilen von Körper und Seele

Praktisches Heilwissen direkt von den Engeln

Die bekannte Engelautorin Jana Haas zeigt, wie die himmlischen Helfer die ganzheitliche Heilung unterstützen. Sie beschreibt, wie jeder Mensch selbst Kontakt zu diesen höchst wirksamen Kräften aufnehmen und Hilfe erfahren kann. Individuelle Heilübungen, Gebete und Heilsymbole begleiten und fördern den Genesungsprozess auf der körperlichen, geistigen und seelischen Ebene.